INDICE SOMMARIO

ABBREVIAZIONI
(RIVISTE, SIGLE)

RIVISTE

BISD	Basic Instrument and Selected Document (GATT)
CML Rev	Common Market LawReview
Dir. Comm. Int	Diritto del Commercio Internazionale
GATT Act.	GATT Activities
GU	Gazzetta Ufficiale della Repubblica Italiana
GUCE	Gazzetta Ufficiale delle Comunità Europee
J. Int'l Arb.	Journal of International Arbitration
J. Int'l L. & Prac.	Journal of International Law and Practice
JWT	Journal of World Trade
JWTL	Journal of World Trade Law (JWT dal 1988)
Quad. Ist. Ec. Int. Univ. Catt.	Quaderni dell'Istituto di Economia Internazionale, delle istituzioni e dello sviluppo dell'Università Cattolica del Sacro Cuore
RC	Recueil des Cours de l'Académie de Droit International de La Haye
RGDIP	Revue Générale de Droit International Public
Riv. dir. proc.	Rivista di diritto processuale civile

SIGLE

AB	*Appellate Body*
ASEAN	*Association of South East Asian Nations*
ATC	*Agreement on Textiles and Clothing*
CEE	*Comunità economica europea*
CITA	*Commitee for the Implementation of Textiles Agreements (USA)*
DSB	*Dispute Settlement Body*
DSU	*Dispute Settlement Understanding*
EPA	*Environmental Protection Agency (USA)*
GATS	*General Agreement on Trade and Services.*
GATT	*General Agreement on Tariffs and Trade*
ICJ	*International Court of Justice*
ITO	*International Trade Organization*
OMC	*Organizzazione Mondiale del Commercio (Organisation Mondiale du Commerce)*
ONU	*Organizzazione delle Nazioni Unite*
SCM	*Subsidies and Countervailing Measures*
TBT	*Agreement on Technical Barriers to Trade*
TMB	*Textiles Monitoring Body*
TPRM	*Trade Policy Review Mechanism*
TRIMs	*Trade-Related Investment Measures*
TRIPs	*Trade-Related Aspects of Intellectual Property Rights*
USA	*Stati Uniti d'America*
WP	*Working Procedures for Appellate Review*
WTO	*World Trade Organization*

CAPITOLO I.

IL SISTEMA DI RISOLUZIONE DELLE CONTROVERSIE DELL'ORGANIZZAZIONE MONDIALE DEL COMMERCIO

1. L'Organizzazione Mondiale del Commercio

Sino al 1995, anno di istituzione della *World Trade Organization* (WTO)[1], il diritto internazionale del commercio è stato dominato, sul piano multilaterale, dal sistema normativo del GATT (*General Agreement on Tariffs and Trade*)[2], l'Accordo Generale sulle tariffe doganali ed il commercio, stipulato tra ventitré Stati[3] il 30 ottobre 1947 nel contesto della sessione ginevrina della Conferenza delle Nazioni Unite sul commercio e l'occupazione convocata l'anno precedente[4]. In realtà, nelle intenzioni delle Potenze occidentali, la gestione della materia avrebbe dovuto essere affidata ad un sistema ben più complesso, delineato già prima della fine della guerra nella Carta Atlantica del '41[5], largamente ispirata, per la parte economica, alla politica neoliberista statunitense. Il

---

[1] Si veda: SACERDOTI, *La trasformazione del GATT nell'Organizzazione Mondiale del Commercio,* in *Dir. Comm. Int.* 1995, p. 73 e ss.; STILES, *The New WTO Regime: the Victory of Pragmatism,* in *J. Int'l L. & Prac.* 1995, p. 3 e ss.; QURESHI, *The World Trade Organization - Implementing International Trade Norms,* Manchester, 1996.

[2] Si veda: FLORY, *Le GATT, droit international et commerce mondial,* Paris, 1968; HUDEC, *The GATT Legal System and World Trade Diplomacy,* New York, 1975; VENTURINI, *L'accordo generale sulle tariffe doganali e il commercio (GATT) - Testi e casi,* Milano, 1988.

[3] Si trattava di Australia, Belgio, Brasile, Birmania, Canada, Cecoslovacchia, Ceylon, Cile, Cina, Cuba, Francia, India, Libano, Lussemburgo, Norvegia, Nuova Zelanda, Paesi Bassi, Pakistan, Regno Unito, Rhodesia del Sud, Siria, Stati Uniti e Sudafrica.

[4] Dal Consiglio economico e sociale con la risoluzione I (13) del 18 febbraio 1946.

[5] Dichiarazione congiunta anglo-americana elaborata alla "Conferenza Atlantica" del 9-12 agosto 1941.

progetto fu poi sviluppato negli anni successivi attraverso le trattative intercorse tra Stati Uniti, Gran Bretagna e Canada divenendo, sempre per iniziativa americana, la base di discussione della citata Conferenza delle Nazioni Unite svoltasi, a partire dall'ottobre del '46, nelle quattro sessioni di Londra, Lake Succes, Ginevra[6] e L'Avana. Qui, il 24 marzo 1948, cinquantaquattro Paesi firmarono[7] la Carta istitutiva dell'Organizzazione Internazionale del Commercio (*International Trade Organization* - ITO)[8], terzo pilastro dell'organizzazione giuridica del sistema economico internazionale postbellico accanto alle istituzioni di Bretton Woods[9]: Fondo Monetario Internazionale e Banca Mondiale, con le quali avrebbe dovuto essere strettamente collegato[10].

La Carta dell'Avana, però, non entrò mai in vigore[11]: gli Stati Uniti, seguiti dal Regno Unito e dagli altri Stati contraenti, eccetto la Liberia, non ratificarono l'accordo[12]. E il GATT, nato

---

[6] Come detto, fu in questa sessione che venne approvato il testo del GATT.

[7] Come noto, la firma di un trattato non vincola ancora gli Stati: essa ha solo fini di autenticazione del testo, così predisposto in forma definitiva. La manifestazione di volontà con cui uno Stato si impegna è invece la ratifica. Per tutti, si veda: CONFORTI, *Diritto internazionale,* Napoli, 1997, p. 67 e s.

[8] C.d. Carta dell'Avana. Sui rapporti tra ITO e GATT si veda: DAM, *The GATT, Law and International Economic Organization,* London - Chicago, 1970, p. 10 e ss.

[9] Località del New Hampshire (Stati Uniti) nella quale, nel luglio del 1944, si tennero le riunioni di una Conferenza monetaria e finanziaria tra quarantaquattro Paesi.

[10] Il Fondo Monetario Internazionale è entrato in funzione nel marzo del 1947, ed ha sede a Washington. Si vedano, per una breve esposizione: VARI, *Il Fondo Monetario Internazionale,* in GIARDINA-TOSATO, *Diritto del commercio internazionale,* Milano, 1996, p. 259 e ss.; per un approfondimento: SALDA, *The International Monetary Fund,* Oxford, 1992. La Banca Mondiale, invece, detta anche Banca Internazionale per la Ricostruzione e lo Sviluppo, iniziò a operare nel giugno del 1946, sempre con sede a Washington. Si vedano, per una breve esposizione: VARI, *La Banca Mondiale,* in GIARDINA-TOSATO, *Diritto del commercio internazionale,* Milano, 1996, p. 303 e ss.; per una trattazione più approfondita: PAYER, *The World Bank: A Critical Analysis,* London, 1982.

[11] Erano necessarie venti ratifiche.

[12] Sulla questione si veda: SCHIAVONE, *Il principio di non discriminazione nei*

come "stralcio politico-commerciale" della Carta, divenne, invece, «l'unico strumento giuridico internazionale di respiro multilaterale nel settore del commercio»[13]. L'Accordo Generale era però entrato in vigore, in attesa dell'ITO, privo di una vera e propria struttura organizzativa, il primo gennaio '48, per di più sulla base di un Protocollo di applicazione provvisoria che faceva salve le legislazioni contrarie all'Accordo già esistenti (c.d. *grand-father clause*)[14].

Negli anni seguenti, quindi, i Paesi partecipanti, in progressiva crescita numerica, diedero vita a sessioni di negoziati periodici (*Rounds*)[15], facendo gradualmente assumere al GATT il ruolo che avrebbe dovuto essere dell'ITO[16]. I caratteri originari del sistema, però, ne hanno a lungo condizionato il funzionamento, ponendo seri limiti alla sua capacità di governare le relazioni commerciali internazionali.

Nell'ultima sessione negoziale, infine, il c.d. *Uruguay Round*[17], è stato deciso di trasformare il GATT (gli accordi, ma

---

rapporti commerciali internazionali, Milano, 1966, p. 51 e ss.

[13] Così LIGUSTRO, *Le controversie tra Stati nel diritto del commercio internazionale: dal GATT all'OMC*, Padova, 1996, p. 45. Tale opera è senza dubbio la più importante e completa monografia pubblicata sinora sul tema in lingua italiana.

[14] Si veda: VENTURINI, *L'accordo*, cit., p. 5 e s.

[15] Si sono svolte otto sessioni tariffarie, di cui la sesta è nota come *Kennedy Round* (1964-67) e la settima come *Tokyo Round* (1973-80). Per l'ottava, *Uruguay Round*, si veda meglio *infra* la nota 17.

[16] Con l'acronimo GATT infatti ci si può riferire, a seconda delle circostanze, all'accordo in sé considerato, al sistema normativo da questo presidiato o alla organizzazione che vi soprintendeva.

[17] Ottava sessione negoziale, iniziata a Punta del Este (Uruguay) nel 1986. I negoziati si trascinarono per anni senza esito, soprattutto a causa della contrapposizione USA-CEE, tanto che la prevista conclusione degli accordi nel 1990 non si realizzò. Un successivo anno di negoziazione permise di raggiungere una bozza di accordo (il c.d. testo Dunkel). E nel dicembre del '93, infine, venne finalmente raggiunto l'accordo su gran parte delle questioni. L'Atto finale dell'*Uruguay Round*, cinquecentocinquanta pagine di testi legislativi e di Decisioni e Dichiarazioni ministeriali, è stato sottoscritto a Marrakech (Marocco) il 15 aprile

anche l'organizzazione preposta alla loro gestione)[18] in un vero e proprio sistema normativo integrato (sistema WTO) affiancato da un'organizzazione stabile di compensazione e soluzione delle controversie, nel cui ambito, inoltre, dovranno svolgersi i futuri *rounds* negoziali: l'Organizzazione Mondiale del Commercio (*World Trade Organization* - WTO)[19].

Il trattato istitutivo dell'Organizzazione[20] è inserito infatti al vertice di un sistema normativo che comprende, oltre al trattato stesso, i numerosi "Accordi multilaterali sullo scambio di merci"[21], tra i quali il rinnovato GATT[22]; l'importante "Accordo Generale

---

1994 e contiene (Parte II) l'Accordo istitutivo della WTO (e i suoi allegati). Sullo svolgimento dei negoziati si veda: WTO, *Reshaping the World Trading System - A History of the Uruguay Round*, Geneva, 1994.

[18] Più di duecento, per oltre ventiduemila pagine di testi.

[19] Il passaggio dal sistema GATT a quello WTO non è stato automatico. Quest'ultimo è succeduto completamente al primo solo dopo un periodo transitorio conclusosi il 31 dicembre del '95. Sul problema, si veda anche *infra* p. 43 e ss.

[20] Un preambolo e sedici articoli, inseriti nell'Atto finale di Marrakesh (si veda *supra* la nota 17).

[21] Si tratta di ben tredici accordi diversi (allegato 1A dell'Accordo WTO), tra i quali, oltre al GATT 1994 (vedi nota successiva), è utile ricordare l'Accordo sull'agricoltura, quello sulle misure commerciali connesse con gli investimenti (TRIMs), quello sul tessile-abbigliamento (ATC), quello sulle barriere tecniche al commercio (TBT) e quello sui sussidi e le misure compensative (SCM).

[22] Il nuovo testo dell'Accordo Generale sulle tariffe doganali ed il commercio è indicato, per distinguerlo dal testo precedente (GATT 1947) - e soprattutto dall'organizzazione che ad esso faceva capo - con la sigla "GATT 1994". L'Accordo, certamente il più importante del sistema, si basa su tre principî fondamentali: a) il principio di non discriminazione, in riferimento sia alle relazioni fra paesi membri (dove trova applicazione la "clausola della nazione più favorita" - art. I), sia alla competizione fra prodotti interni e d'importazione (clausola del trattamento nazionale - art. III); b) la trasparenza: devono essere evitati divieti o restrizioni al commercio diversi dai dazi doganali, in particolare le restrizioni quantitative alle importazioni (art. XI); c) il principio di reciprocità: la negoziazione per la riduzione delle barriere agli scambi deve avvenire «sulla base di reciprocità e di mutui vantaggi» (art. XXVIII), comportando concessioni reciproche. Ciascuno di questi principî presenta poi significative eccezioni (ad es. la possibilità di creare unioni doganali, prevista dall'art. XXIV, o il trattamento favorevole riservato ai

sugli scambi di servizi" (GATS)[23]; l' "Accordo sui diritti di proprietà intellettuale legati al commercio (TRIPs)"[24]; l' "Intesa sulle regole e le procedure che governano la soluzione delle controversie" (DSU)[25], di cui ci occuperemo innanzi; il "Meccanismo di esame delle politiche commerciali" (TPRM)[26] e infine, gli "Accordi commerciali plurilaterali"[27]. Tutti questi accordi[28], eccezion fatta per gli ultimi citati[29], devono essere accettati o respinti in blocco (approccio c.d. di *single undertaking*)[30] dagli Stati che desiderino

---

Paesi in via di sviluppo, previsto dall'art. XXXVI, o ancora tutta la serie di "Eccezioni generali", previste dall'art. XX, di cui, peraltro, si parlerà in seguito), dando luogo ad un rapporto "regole-eccezioni" di delicato equilibrio, su cui si basa l'intero sistema.

[23] *General Agreement on Trade in Services,* allegato 1B dell'Accordo WTO.

[24] *Trade-Related aspects of Intellectual Property rights,* allegato 1C dell'Accordo WTO.

[25] *Understanding on rules and procedures governing the settlement of disputes (Dispute Settlement Understanding),* allegato 2 dell'accordo WTO.

[26] *Trade Policy Review Mechanism,* allegato 3 dell'Accordo WTO.

[27] Sul commercio di aeromobili civili, sugli appalti governativi, sui prodotti lattiero-caseari e sulle carni bovine: allegato 4 dell'accordo WTO. A questi sono da aggiungere i tre importantissimi accordi conclusi sotto l'egida dell'Organizzazione: quello sulle tecnologie dell'informazione (del dicembre '96), quello sulle telecomunicazioni di base (del febbraio '97), e quello sui servizi finanziari (del dicembre '97).

[28] I testi degli accordi, in una traduzione (non ufficiale) nelle varie lingue della Comunità europea (compreso l'italiano) sono reperibili in *GUCE,* n. L 336, del 23 dicembre 1994, p. 3 e ss. Per una succinta esposizione dei loro contenuti si veda: COMBA, *Il neo liberismo internazionale. Strutture giuridiche a dimensione mondiale: dagli accordi di Bretton Woods all'Organizzazione Mondiale del Commercio,* Milano, 1995, p. 229 e ss. Per i testi nella versione ufficiale inglese (le altre lingue facenti fede sono il francese e lo spagnolo) si veda: SIMMONDS-HILL, *Law and Practice under the GATT,* New York - London - Rome, 1994.

[29] Si tratta di accordi relativi a materie sulle quali esistevano divergenze e disomogeneità tali da giustificare un approccio più elastico.

[30] «Si è mirato così a superare la frammentazione normativa tipica del GATT "*à la carte*" [l'espressione è di Petersmann] e ad evitare il fenomeno dei *free riders* (Gli Stati non possono cioè accettare solo gli accordi per essi vantaggiosi rifiutando quelli che comportano i maggiori impegni)». In LIGUSTRO, *Le controversie*, cit., p. 441.

divenire membri dell'Organizzazione[31]. Inoltre, gli accordi si applicano, in linea generale, a tutte le leggi e regolamenti degli Stati membri, indipendentemente dalla data di entrata in vigore, essendo quindi stata abolita la citata clausola *grand-father*.

La struttura dell'Organizzazione[32] non è però esattamente quella tipica delle grandi organizzazioni internazionali governative[33]: al vertice è posta la Conferenza dei Ministri, formata dai rappresentanti (a livello ministeriale) di tutti i Paesi membri, convocata almeno ogni due anni. Essa ha una competenza generale, potendo assumere decisioni in merito ad ogni aspetto contemplato negli accordi. Il principale organo esecutivo è anch'esso assembleare (e questa è un'anomalia): il Consiglio generale si riunisce ogniqualvolta sia necessario, ed è composto perlopiù da personale tecnico-diplomatico. La differenza con la Conferenza del Ministri è quindi solamente funzionale. Accanto ai compiti di portata generale, il Consiglio svolge poi anche la importante funzione di Organo di soluzione delle controversie, nonché quella di Organo di esame delle politiche commerciali, riunendosi in apposite sessioni. Il Segretariato, con a capo il Direttore generale[34], è invece un organo assolutamente indipendente da ogni governo, i cui poteri sono definiti in base a regolamenti approvati dalla Conferenza dei Ministri. A questi organi principali se ne affiancano numerosi di sussidiari, anch'essi assembleari, predisposti, principalmente, al

---

[31] I membri sono attualmente centoventi. Più di quaranta gli osservatori (gli Stati della comunità internazionale sono in totale centonovantadue).

[32] È importante rilevare come, pur essendo per molti versi assimilata ad un organo specializzato dell'ONU (come doveva essere l'ITO), la WTO non lo sia. Anzi, «il suo statuto, per la prima volta nella storia delle organizzazioni internazionali contemporanee, non contiene neppure un accenno al rispetto dei principî della Carta delle Nazioni Unite» da cui risulta quindi essere «del tutto indipendente». Così CONFORTI, *Diritto*, cit., p. 156.

[33] Si veda per tutti: BISCOTTINI, *Il diritto delle organizzazioni internazionali. Parte prima: la teoria dell'organizzazione*, Padova, 1981, p. 75 e ss.

[34] Attualmente, e primo Direttore generale in assoluto, l'italiano Renato Ruggiero, nominato nell'aprile del '95.

funzionamento dei singoli accordi multilaterali (Consiglio Merci, Consiglio GATS, Consiglio TRIPs), cui si aggiungono alcuni importanti comitati (Comitato commercio e sviluppo, Comitato restrizioni per motivi di bilancia dei pagamenti ed il Comitato bilancio, finanze e amministrazione). Le decisioni sono normalmente prese per *consensus*[35], ma è possibile, contrariamente a quanto avveniva nel sistema previgente, assumere decisioni a maggioranza[36], anche se in alcune materie è ancora richiesta l'unanimità [37].

In tale contesto, particolare importanza riveste il c.d. "sistema integrato" di soluzione delle controversie, la cui fonte normativa principale è la citata "Intesa sulla soluzione delle controversie" (DSU), di cui ci occuperemo nel prossimo paragrafo.

2. *Le procedure e gli organi per la risoluzione delle controversie*

Alla riforma del sistema di risoluzione delle controversie in ambito GATT si è giunti dopo la sconfortante esperienza degli anni ottanta, ossia dopo la constatazione dell'inefficacia delle procedure GATT, ed anzi del loro uso anti-*trade*[38], e dopo un lungo e non

---

[35] Pratica che consiste nell'approvare una risoluzione senza una votazione formale, di solito con una dichiarazione concertata del presidente dell'organo il quale attesta l'accordo tra i membri. Per tutti: CONFORTI, *Diritto*, cit., p. 141.

[36] Generalmente è sufficiente la maggioranza semplice dei voti espressi, ma in alcune materie è prevista la maggioranza qualificata dei ¾ dei membri. Tre le ipotesi previste: l'interpretazione autoritativa degli accordi, prerogativa della Conferenza dei Ministri e del Consiglio generale; le decisioni sulle richieste di concessione di deroghe speciali agli accordi; le modifiche alle "clausole ordinarie" (si veda nota successiva) degli accordi.

[37] Necessaria per la modifica di alcune clausole - che per questo motivo potremmo definire "costituzionali", e per respingere i rapporti degli organi di soluzione delle controversie (si veda meglio *infra* § 2).

[38] Boicottaggio della fase d'avvio della procedura, ostruzionismo nel corso del procedimento, blocco dell'adozione dei rapporti (*wrong cases)*, prassi del *linkage* (forma particolarmente grave di ostruzionismo e abuso delle procedure consistente nel "collegare" tra loro due o più autonomi procedimenti di cui sono parte gli stessi

facile negoziato che ha visto contrapposti, sostanzialmente, da un lato gli Stati Uniti e, dall'altro, la Comunità europea[39] ed il Giappone.

La scelta era tra una visione più legalista del sistema (*rules oriented*) ed una più pragmatica (*power oriented*)[40]. Quest'ultima era sostenuta dalla Comunità europea e dal Giappone, che miravano ad una valorizzazione dei profili negoziali e consultivi del meccanismo previgente, dando maggior peso ai metodi diplomatici della consultazione e del negoziato, nonché all'azione di mediazione e conciliazione del Consiglio generale come organo "politico". Gli Stati Uniti, invece, sostenitori dell'opposta tendenza, puntavano ad una definitiva "giurisdizionalizzazione" del sistema, mediante la creazione di organismi dotati di funzioni giudicanti in senso stretto[41].

I negoziati si trascinarono in uno stato di perenne *impasse*, accompagnati da una vera e propria "guerra commerciale" tra Europa e Stati Uniti. E paradossalmente, fu proprio l'inasprirsi di questo scontro, caratterizzato dal sistematico ricorso a misure sanzionatorie unilaterali[42], a favorire il riavvicinamento tra le posizioni, nel timore di un'*escalation* dei conflitti. Si arrivò così ad

---

Stati condizionandone l'andamento). Sulla questione si veda: LIGUSTRO, *Le controversie*, cit., p. 219 e ss.

[39] La Comunità europea, che già in ambito GATT esercitava in via esclusiva quei poteri in materia di politica commerciale che si riferivano alla negoziazione degli impegni e alla loro esecuzione nei singoli ordinamenti interni, è oggi membro a tutti gli effetti della WTO, assieme ai 15 Paesi della Comunità, coi quali divide la competenza solo in relazione agli accordi sulla proprietà intellettuale ed i servizi. Si veda: SANTA MARIA, *Diritto commerciale comunitario*, Milano, 1995, p. 435 e ss.

[40] Tale terminologia è stata utilizzata, in dottrina, soprattutto da Jackson. Si veda, per esempio: JACKSON, *Restructuring the GATT System*, London, 1990.

[41] Attraverso l'attribuzione di carattere vincolante alle pronunce di tali organi, eventualmente sulla base di dichiarazioni *ad hoc* da parte degli Stati sul modello di quelle previste per il riconoscimento della giurisdizione della Corte Internazionale di Giustizia.

[42] Misure statunitensi, autorizzate dalla legislazione nazionale, cui rispondevano in *counterpuching* le autorità comunitarie e nipponiche.

un compromesso che portò infine alla più volte citata Intesa sulla risoluzione delle controversie, parte integrante dell'accordo istitutivo della WTO.

Tale Intesa[43] si compone di ventisette articoli e quattro appendici[44] e si può certamente considerare uno degli aspetti "costituzionali" dell'accordo[45], essendo emendabile solo da una decisione unanime della Conferenza dei Ministri. Il ricorso alle sue procedure è obbligatorio (DSU, art. 23, § 1) per ogni controversia riguardante uno degli "accordi contemplati" (DSU, art. 1, § 1)[46], anche se è previsto, in alcuni casi, il ricorso a procedure speciali (appendice 2)[47].

Al vertice del sistema, completato, nei suoi aspetti particolari, da alcune "Decisioni e Dichiarazioni dei Ministri" della parte III dell'Atto finale di Marrakech, oltre che da altri documenti elaborati nella fase intercorsa tra la firma dell'Atto finale e la sua entrata in vigore il primo gennaio 1995, è posto l'Organo di risoluzione delle controversie (*Dispute Settlement Body* - DSB), che, come accennato, si identifica con il Consiglio generale. È dunque, come quest'ultimo, un organo assembleare cui partecipano tutti gli Stati membri. Tuttavia, può avere un proprio presidente e darsi un proprio regolamento interno (Accordo WTO, art. IV, § 3). Suo

---

[43] Il termine non deve trarre in inganno: si tratta di un vero e proprio trattato internazionale che vincola tutti i membri della WTO. Si veda: COCCIA, *Il sistema di risoluzione delle controversie nella WTO*, in GIARDINA-TOSATO, *Diritto del commercio internazionale*, Milano, 1996, p. 94. Per un'analisi del documento si vedano: CANAL FORGUES, *Le système de règlement des differends de l'Organisation Mondiale du Commerce (OMC)*, in *RGDIP* 1994, p. 689 e ss.; KOMURO, *The WTO Dispute Settlement Mechanism. Coverage and Procedures of WTO Understanding*, in *JWT* 1995/4, p. 5 e ss.

[44] Appendice 1: "Accordi contemplati nella seguente intesa"; Appendice 2: "Norme e procedure speciali o aggiuntive contenute negli Accordi contemplati"; Appendice 3: "Procedure di lavoro"; Appendice 4: "Gruppi di studio di esperti".

[45] Si vedano *supra* le note 36 e 37.

[46] Nel linguaggio dell'Intesa, gli "accordi contemplati" sono tutti quelli allegati al trattato WTO ed anche quest'ultimo.

[47] Si veda: LIGUSTRO, *Le controversie*, cit., p. 497 e ss.; p. 570 e ss.

compito principale è adottare (o respingere) i rapporti prodotti dagli organismi preposti ad analizzare le controversie non risolte dopo le obbligatorie consultazioni bilaterali -o plurilaterali- (DSU, art. 4, § 7) e le eventuali fasi dei buoni uffici, della conciliazione e della mediazione[48], per la promozione delle quali il Direttore generale ha il potere d'agire d'ufficio (DSU, art. 5), e dell'arbitrato (DSU, art. 25)[49].

Tali organismi sono i "gruppi di esperti" (*Panels*), nominati *ad hoc*, e il Corpo permanente d'Appello (*Appellate Body*). I loro rapporti, se adottati, sono vincolanti e il DSB, in questo caso, trascorso un "periodo ragionevole", qualora gli Stati non si siano adeguati alla relativa pronuncia, può autorizzare gli altri Stati lesi ad adottare misure unilaterali altrimenti vietate (DSU, art. 22).

Il sistema si ispira in larga parte alla prassi sviluppatasi in ambito GATT, ove il meccanismo di composizione delle controversie basato sui "gruppi di esperti" aveva dato, tra tutti[50], i migliori risultati[51]. Per la loro costituzione era necessario l'accordo tra le Parti in causa e il loro operato aveva principalmente natura conciliativa. I rapporti prodotti, infatti, oltre a non dover analizzare la questione necessariamente da un punto di vista strettamente giuridico, divenivano vincolanti solo se adottati all'unanimità dal

---

[48] Su queste procedure si veda, per una definizione: MORELLI, *Nozioni di diritto internazionale,* Padova, 1967, p. 376; sulla loro specifica funzione in ambito WTO: LIGUSTRO, *Le controversie,* cit., p. 516 e s.

[49] «Ai sensi dell'art 3, § 5 dell'Intesa, le sentenze arbitrali devono comunque essere in linea con il diritto della WTO, sbarrandosi così la strada a sentenze emesse meramente *ex aequo et bono* o sulla base di principî estranei al sistema». Così COCCIA, *Il sistema,* cit., p. 101.

[50] Sui sistemi di composizione delle controversie in ambito GATT 1947 si vedano: PETERSMANN, *The GATT Dispute Settlement System and the Uruguay Negotiations on Its Reform,* in SARCEVIC-VAN HOUTTE, *Legal Issues in International Trade,* Dordrecht - Boston, 1990; LIGUSTRO, *Le controversie,* cit., p. 93 e ss.

[51] Anche se nell'ultimo periodo il numero dei rapporti non adottati (*wrong cases*) era salito enormemente, soprattutto a causa della "guerra commerciale" euro-americana cui si è accennato.

Consiglio del GATT, cioè a dire col consenso di tutte le parti in causa. Con la riforma, oltre ad assumere un carattere sicuramente più giurisdizionale, tanto che, sin dalle fasi iniziali, gli Stati devono esporre per iscritto le motivazioni *giuridiche* delle loro lagnanze (DSU, art. 4, § 4), i Panel hanno acquisito un ruolo quasi esclusivo su ogni questione sollevata in relazione ad uno degli "accordi contemplati".

I Panel devono essere obbligatoriamente costituiti, dopo il fallimento delle citate consultazioni, su richiesta anche di uno solo degli Stati in controversia, con decisione del DSB[52]. I loro rapporti sono adottati in maniera quasi automatica: il DSB può respingerli solo all'unanimità (e quindi col consenso di tutte le parti in causa), dovendo in ogni caso decidere entro sessanta giorni dal momento in cui sono stati fatti circolare tra i propri membri (DSU, art. 16)[53].

Le funzioni dei Panel sono specificate nell'articolo 11 della DSU[54], che assegna loro il duplice compito di esaminare la controversia da un punto di vista oggettivo, nei suoi aspetti di fatto e di diritto, e di tentare la conciliazione tra le Parti per mezzo della ricerca di «soluzioni reciprocamente soddisfacenti». A quest'ultimo fine risponde precipuamente il "rapporto interinale" che il Panel deve produrre prima del c.d. rapporto finale. Tale rapporto non è

---

[52] Solo all'unanimità, e quindi con l'accordo della parte che l'aveva richiesto, si può evitare di costituire un Panel: DSU, art. 6, § 1.

[53] V'è stata, sostanzialmente, l'inversione del principio previgente del "*consensus* positivo".

[54] *Art. 11 - Funzione dei Panel:* «I Panel hanno la funzione di assistere il DSB ad adempiere ai compiti ad esso attribuiti dalla presente Intesa e dagli Accordi contemplati. Un Panel dovrebbe pertanto procedere ad una valutazione oggettiva della questione sottoposta al suo esame, ivi compresa una valutazione oggettiva dei fatti in questione, dell'applicabilità degli Accordi contemplati pertinenti e della compatibilità con tali Accordi, e procedere alle ulteriori constatazioni che possono aiutare il DSB a formulare le raccomandazioni o le decisioni previste negli Accordi contemplati. I Panel dovrebbero procedere a regolari consultazioni con le Parti della controversia e offrire loro adeguate occasioni per elaborare una soluzione reciprocamente soddisfacente» (la traduzione è quella inserita in *GUCE*, cit., p. 239).

altro che una "bozza" di quello definitivo, sulla quale le parti in causa possono, nel termine prescritto dallo stesso Panel, presentare osservazioni e critiche. Se le Parti non si avvalgono di tale diritto, il rapporto diviene automaticamente definitivo. Nel caso invece che questa "fase di esame interinale" abbia luogo, si aprono due possibilità. Se le parti trovano un accordo, il rapporto interinale si tramuta in un verbale di conciliazione. Altrimenti, nel rapporto finale, dovrà essere compresa un'analisi delle critiche presentate dalle Parti (DSU, art. 15). Questo consente, in ogni caso, una tempestiva rettifica delle conclusioni del Panel non condivise dalle Parti; il che può aiutare, in molti casi, a prevenire successive contestazioni di fronte al DSB o al Corpo d'Appello[55].

I rapporti devono comunque essere prodotti entro il termine massimo di sei mesi[56] dalla costituzione del Panel, in merito alla composizione dei quali occorre senza dubbio spendere qualche parola. I membri (*Panelists*), da tre a cinque (DSU, art. 8, § 5), devono essere scelti tra persone qualificate anche appartenenti a pubbliche amministrazioni (DSU, art. 8, § 1)[57], che non abbiano però la cittadinanza di una delle Parti in causa[58]. Per facilitarne la selezione è stata prevista la compilazione di un elenco delle persone qualificate (DSU, art. 8, § 1) che, per ciascun nominativo, riporta le specifiche competenze. Tale elenco è gestito dal Segretariato

---

[55] Gli utili effetti prodotti da tale meccanismo potrebbero forse suggerire anche agli operatori interni del diritto processuale qualche interessante soluzione.

[56] Su richiesta della parte che ha sporto reclamo, il Panel può deliberare di sospendere i lavori per un periodo, comunque, non superiore a dodici mesi (DSU, art 12, § 12). Sul punto si veda: LIGUSTRO, *Le controversie*, cit., p. 528 e s.

[57] Nel sistema previgente, fino all' '89, i componenti dei Panel potevano essere solamente membri di pubbliche amministrazioni. Con la riforma si è voluta favorire la nomina di personalità indipendenti. Allo stesso fine risponde la norma (DSU, art. 8, § 11) che prevede l'assunzione da parte dell'Organizzazione di tutte le spese relative ai trasferimenti.

[58] Compresi gli Stati "terzi interessati" (DSU, art. 8, § 3). Se parte in controversia è un'unione doganale, come la Comunità europea, o un mercato comune, i *Panelists* non possono essere cittadini di nessuno degli Stati membri (DSU, nota all'art. 8).

dell'Organizzazione e può essere integrato con nuovi candidati proposti dagli Stati membri e approvati dal DSB. Nel caso in cui non si trovi un accordo sulla composizione di un Panel entro venti giorni dalla richiesta della sua istituzione, su richiesta di una delle Parti vi provvede il Direttore generale della WTO, consultate le Parti, il presidente del DSB ed eventualmente il presidente del Consiglio o Comitato competente (DSU, art. 8, § 7).

Il Panel ha ampi poteri istruttori, potendo richiedere informazioni o consulenze a qualunque persona od ente sottoposto alla giurisdizione degli Stati membri, oltre che a qualsiasi altra fonte non governativa (DSU, art. 13, § 1)[59]. Il suo mandato "standard" (*Terms of reference*)[60] gli affida il compito di «esaminare, alla luce delle disposizioni pertinenti contenute in (un dato accordo) la questione sottoposta al DSB (da una data Parte in un certo documento) e rilevare elementi che possano *aiutare* il DSB a formulare le raccomandazioni o le decisioni previste in tale accordo»[61].

Qualora, comunque, una Parte in controversia[62] notifichi formalmente la sua decisione di presentare appello (possibilità non contemplata nel sistema previgente), il rapporto del Panel non viene esaminato, ma rinviato al Corpo d'Appello (DSU, art. 16, § 4). Il ricorso deve limitarsi alle questioni giuridiche (DSU, art. 17, § 6), ma l'organo deve esaminare tutte le questioni sollevate dalle parti e può confermare, modificare o annullare le constatazioni e le conclusioni giuridiche dei Panel (DSU, art. 17, §§ 12 e 13).

---

[59] A scopi analoghi risponde il potere attribuito al Panel di istituire dei gruppi di studio di esperti col compito di redigere dei rapporti consultivi su questioni fattuali che richiedessero competenze scientifiche o tecniche (DSU, art. 13, § 2).

[60] È possibile che, entro venti giorni dalla costituzione di un Panel, le parti concordino un mandato speciale da affidargli (DSU, art. 7, § 3).

[61] DSU, art. 7, § 1 (il corsivo è nostro, la traduzione è sempre quella inserita in *GUCE*, cit., p. 237). Si veda: LIGUSTRO, *Le controversie*, cit., p. 520 e ss.

[62] Solo le parti in controversia, e non i terzi interessati, possono proporre appello. Sulla nozione di *terzi interessati* si veda: LIGUSTRO, *Le controversie,* cit., p. 525 e ss.

Il Corpo d'Appello è un organo permanente formato da sette membri[63] nominati dal DSB tra persone di riconosciuta autorevolezza e dimostrata esperienza nel settore del diritto del commercio internazionale e degli argomenti degli accordi contemplati, *non* (o non più) appartenenti a pubbliche amministrazioni, che si impegnino a seguire assiduamente le attività in materia di soluzione delle controversie e le altre attività pertinenti della WTO (DSU, art. 17, § 3). Il loro mandato dura normalmente quattro anni ed è rinnovabile per una sola volta[64].

I membri del Corpo d'Appello non si riuniscono mai in seduta plenaria: tre membri (nelle diverse combinazioni) costituiscono una sezione (*division*) che, secondo un meccanismo di rotazione[65], si occupa di ciascun singolo caso (DSU, art. 17, § 1). Al contrario di quanto avviene per la composizione dei Panel, la nazionalità dei componenti la *division* è del tutto irrilevante.

L'unica possibile conclusione della procedura, regolata, per quanto non previsto nell'Intesa, dalle "Procedure di lavoro" del Corpo d'Appello (*Working Procedures* - WP)[66], è un rapporto finale, non avendo l'organo nessuna funzione conciliativa (DSU, art. 17, §

---

[63] Insediatisi a Ginevra il 13 dicembre 1995: l'ambasciatore Julio Lacarte-Muró (Uruguay; già presidente, alla Conferenza ministeriale di Montreal, dall' '87 all' '89, del "Gruppo di negoziazione sulla soluzione delle controversie" che riuscì a presentare un progetto organico di riforma), presidente; James Bacchus (Stati Uniti); l'ambasciatore Christopher Beeby (Nuova Zelanda); il professor Claus-Dieter Ehlerman (Germania); il dottor Said El-Naggar (Egitto); il giudice Florentino Feliciano (Filippine) e il professor Mitsuo Matsushita (Giappone).
[64] Tre dei membri di prima nomina, però, scelti ad estrazione, restano in carica solo due anni, al fine di garantire, com'è prassi negli organismi giudiziari internazionali permanenti, un periodico e parziale ricambio dell'organo (DSU, art. 17, § 2).
[65] Sul quale i membri dell'*Appellare Body* mantengono il più stretto riserbo, per evitare che si possa in anticipo prevedere quale sarà la composizione di una certa sezione (le possibili combinazioni sono, comunque, ben trentacinque). Si veda NOGUEIRA, *The First WTO Appellate Body Review*, in *JWT* 1996/6, p. 16.
[66] *Working Procedures for Appellate Review*: adottate dal Corpo d'Appello, consultati il Presidente del DSB e il Direttore generale (DSU, art 17, § 9), il 15 febbraio 1996. Per il testo si veda: *WTO Focus* 1996/8, p. 3.

10). Il contraddittorio è garantito da un meccanismo (WP, regole 27 e 28) che prevede un'udienza cui le Parti intervengono oralmente e in cui i membri della sezione possono chiedere chiarimenti che le Parti stesse forniscono, se desiderano, per iscritto. Ciascuna Parte ha facoltà di replicare alle memorie scritte delle altre e può inoltre presentare, su richiesta della sezione, una comparsa conclusionale. Esaurita questa "istruttoria", la sezione, a nome del Corpo d'Appello, redige i suoi rapporti basandosi esclusivamente sul diritto e senza la presenza delle Parti (DSU, art. 17, §10). Al fine di rafforzare la collegialità delle decisioni, i membri della sezione incaricata dell'esame del caso hanno l'obbligo di consultare gli altri componenti del Corpo d'Appello prima di far circolare i propri rapporti tra i membri del DSB[67].

La procedura non può superare, in nessun caso, i novanta giorni (DSU, art. 17, § 5) e il rapporto deve essere adottato (o respinto, ma per *consensus*) dal DSB entro un mese dal giorno della sua diffusione (DSU, art. 17, § 14). Congiuntamente, è adottato, nelle parti non toccate dalla decisione d'appello, anche il rapporto del Panel.

3. Il possibile contributo del sistema e in particolare della "giurisprudenza" dei Panel e del Corpo d'Appello allo sviluppo e all'interpretazione del diritto internazionale

L'importanza del sistema di risoluzione delle controversie appena illustrato nell'ambito delle relazioni internazionali può risultare immediatamente evidente se solo si pensa da un lato alla

---

[67] Più precisamente (WP, regola 4.3), v'è l'obbligo di uno "scambio di vedute" con gli altri membri (*exchange views*, secondo l'espressione inglese) e cioè, in realtà, qualcosa di meno di una e vera e propria "consultazione". Stando comunque a quanto dichiarato da uno dei sette membri, il prof. Matsushita, sembra che la sezione incaricata di esaminare una controversia terrebbe in ogni caso conto, nel proprio rapporto, delle osservazioni sollevate dagli altri membri (si veda NOGUEIRA, *The First*, cit., p. 17).

estensione *ratione materiae* e *ratione personarum* raggiunta dal sistema WTO nel suo insieme e, dall'altro, al crescente rilievo anche politico che le controversie economiche tra Stati stanno via via assumendo, in ispecie dopo la fine della guerra fredda[68]. In tale contesto, è intuitivo quanto possa essere rilevante il grado di efficacia ed efficienza che il sistema in parola riuscirà a raggiungere. Efficacia ed efficienza che in larga parte dipenderanno dalla volontà degli Stati, ma su cui può avere un'influenza non secondaria l'atteggiamento e l'intrinseca natura (giurisdizionale o meno) degli organi non politici preposti all'analisi delle controversie. Da un lato i Panel, e i loro rapporti, e dall'altro il Corpo d'Appello che, proprio in quanto organo permanente e, per così dire, di ultima istanza, certamente ha l'ambizione di divenire per la WTO qualcosa di simile a quello che la Corte Internazionale di Giustizia è per l'ONU.

Ma per poter comprendere a fondo quale possa essere il ruolo effettivo di tali organi nell'ambito del diritto internazionale - interrogativo in qualche modo anche politico- è certo necessario cercare di risolvere alcuni dubbi giuridici che l'analisi delle norme fa naturalmente sorgere e che alcuni studiosi hanno in effetti già espresso.

Non è del tutto chiaro, anzitutto, quale sia precisamente il diritto applicabile dai Panel e dal Corpo d'Appello: questione che si traduce, da un lato, nell'interrogativo su quale sia il grado di effettività del principio *iura novit Curia* in relazione al mandato e alle osservazioni delle parti[69]; e dall'altro, nell'interrogativo su quale possa essere, nelle pronunce, il ruolo del diritto internazionale generale, problema in realtà non risolto dal pur importante art. 3, § 2 dell'Intesa richiamante le norme consuetudinarie relative

---

[68] Sul tema si veda, ad esempio: JEAN, *Geopolitica,* Bologna, 1996, p. 144 e ss.
[69] Se siano applicabili cioè solo le norme degli accordi citate dalle parti o nel mandato dei Panel, oppure anche qualunque altra norma sulla cui base fosse giuridicamente più corretto risolvere la questione. Si veda: LIGUSTRO, *Le controversie,* cit., p. 521 e ss.

all'interpretazione dei trattati[70].

Altra questione importante è quale sia la reale natura dei Panel e del Corpo d'Appello, le cui pronunce, se potessero essere definite «decisioni giudiziarie» ai sensi dell'art. 38.1 (d) dello Statuto della Corte Internazionale di Giustizia[71], potrebbero divenire uno dei «mezzi sussidiari per la determinazione delle norme giuridiche»[72] ed essere quindi considerate una "giurisprudenza" in senso proprio[73]. La questione, in termini concreti, si traduce poi nel problema dell'utilizzabilità delle pronunce precedenti, sia di quelle adottate, che di quelle non adottate dal DSB.

Un altro aspetto problematico riguarda la delimitazione della competenza dei Panel e del Corpo d'Appello, che, come detto, può occuparsi solo di questioni di diritto. Una prima difficoltà, secondo alcuni autori[74], starebbe nel distinguere in concreto le questioni di fatto da quelle di diritto, specie in considerazione delle diverse concezioni che in merito sono accolte nei Paesi di *common law* e di *civil law*. Altro problema è se possa costituire motivo di ricorso,

---

[70] Alcuni autori mettono addirittura in dubbio l'esistenza di norme di tal fatta. Si veda: COCCIA, *Il sistema,* cit., p. 96.

[71] *Art. 38.1:* «La Corte (...) applica: a) le convenzioni internazionali, sia generali che particolari, che stabiliscono norme espressamente riconosciute dagli Stati in lite; b) la consuetudine internazionale, come prova di una pratica generale accettata come diritto; c) i principî generali di diritto riconosciuti dalle nazioni civili; d) (...) le decisioni giudiziarie e la dottrina degli autori più qualificati delle varie nazioni come mezzi sussidiari per la determinazione delle norme giuridiche» (la traduzione è quella inserita in MORELLI, *Soluzione pacifica delle controversie internazionali,* Napoli, 1991, p. 89).

[72] Sulla funzione delle «decisioni giudiziarie» nel diritto internazionale, e nella giurisprudenza della Corte Internazionale di Giustizia si veda, per tutti: CARREAU, *Droit international,* Paris, 1994, p. 297 e ss. Sulla questione in ambito WTO si veda invece: LIGUSTRO, *Le controversie,* cit., p. 598 e ss.

[73] Il termine riferito alle pronunce dei Panel è stato utilizzato per la prima volta in HUDEC, *The GATT Legal System: A Diplomat's Jurisprudence,* in *JWTL* 1970, p. 615 e ss., con una formula (la "giurisprudenza di diplomatici" del titolo) che ne sottolineava però il significato improprio.

[74] Si veda: KOHONA, *Dispute Resolution under the World Trade Organization, an Overview,* in *JWT* 1994/2, p. 40.

oltre all'errata interpretazione di norme sostanziali, anche, per esempio, l'incompetenza del Panel su determinate questioni, o la violazione di norme procedurali di forma sostanziale, quale la mancata consultazione di un organo tecnico ove richiesta, ecc.[75]

Ci si potrebbe chiedere, inoltre, al di là della denominazione, che tipo d'impugnazione sia tale procedura d'appello, che per qualcuno[76], forse un po' sbrigativamente, è del tutto assimilabile a un ricorso in Cassazione. In effetti però, applicando a questo ricorso le categorie processualistiche caratterizzanti i mezzi di impugnazione[77], si vede immediatamente come le differenze sia dall'appello-mezzo di gravame sia dal rimedio cassatorio siano evidenti. Ad una prima lettura si potrebbe infatti definire il ricorso al Corpo d'Appello un rimedio di legalità (e non di giustizia), ordinario, a critica vincolata (sin qui tutte caratteristiche tipiche del rimedio cassatorio), affidato all'esame di un giudice diverso da quello di "primo grado", a carattere rescindente e rescissorio (il rimedio cassatorio, normalmente, ha solo il rescindente) e con efficacia sospensiva automatica (tipicamente mancante nel ricorso cassatorio). Più difficile invece stabilire, in questa fase, se vi sia o meno un effetto devolutivo, e se sì, in che grado. Tali classificazioni, al di là dell'indubbio interesse scientifico, aiutano certamente, con la schematizzazione delle questioni che comportano, ad analizzare in ogni suo aspetto una data procedura. Bisogna comunque notare come, in ambito internazionalistico, le procedure d'appello siano estremamente rare[78], costituendo, questo, un ulteriore motivo d'interesse per lo studio della materia.

---

[75] Interrogativi sollevati da PETERSMANN, *The Dispute Settlement System of World Trade Organization and the Evolution of the GATT Dispute Settlement System since 1948,* in *CML Rev.* 1994, p. 1217.

[76] COCCIA, *Il sistema,* cit., p. 100.

[77] Si veda: MANDRIOLI, *Corso di diritto processuale civile,* Torino, 1995, vol. II, p. 349 e ss.

[78] Sull'appello nel diritto internazionale si veda: LAUTERPACHT, *Aspects of the Administration of International Justice,* Cambridge, 1991, p. 99 e ss.

Tenendo conto poi del fatto che la novità più grossa del sistema WTO, dal punto di vista internazionalistico, consiste proprio in questo suo essere, a tutti gli effetti, un "sistema integrato" di trattati internazionali, viene spontaneo chiedersi in che modo, nella pratica, le diverse norme troveranno coordinamento tra loro.

La questione, seppur in un certo senso "materiale", è di interesse non solo per il sistema WTO ma, in prospettiva, per qualunque altro "sistema integrato" cui la prassi internazionale potrà dar vita, ed è risolvibile, in conclusione, solo dagli organi di soluzione delle controversie.

La risoluzione di tutti questi problemi è in realtà strumentale ad una esatta valutazione del ruolo che la "giurisprudenza" del sistema integrato potrà giocare nell'ambito del diritto internazionale. Indubbiamente, però, per poter dare risposte veramente esaurienti a queste domande, occorrerà attendere alcuni anni, quando una più ampia casistica si sarà formata e chiari saranno ormai i limiti e i pregi del nuovo sistema. Ciò non impedisce, comunque, di iniziare ad affrontare i problemi alla luce dei primi risultati che il nuovo sistema contenzioso ha prodotto, analizzando in particolare le pronunce di quell'organo che, per i motivi esposti innanzi, si può considerare la "coscienza giuridica" della WTO: il Corpo d'Appello.

È quanto tenteremo di fare nei prossimi capitoli, occupandoci, in particolare, di tutte le decisioni prodotte dall'organo sui ricorsi presentati nel corso del 1996, primo anno di funzionamento del sistema. Come vedremo, si tratta di quattro casi[79]. Dopo una breve esposizione dei fatti in causa e del contenuto materiale dei rapporti, affronteremo le pronunce con un'impostazione più sistematica che ci consentirà di confrontarci più agevolmente con le problematiche cui abbiamo accennato.

---

[79] A tutt'oggi (8 maggio 1998), il Corpo d'Appello ha prodotto undici rapporti.

CAPITOLO II.

LE PRIME PRONUNCE DEL CORPO D'APPELLO: QUADRO SINTETICO

1. *"Stati Uniti - Regole sulla benzina"*

La controversia ("Stati Uniti - Regole sulla benzina riformulata e convenzionale")[80] riguarda un emendamento del 1990 ad una legge americana del 1963 (*Clean Air Act)*, finalizzata alla prevenzione ed al controllo dell'inquinamento dell'aria negli Stati Uniti. L'emendamento in questione stabiliva che in alcune zone del Paese (sostanzialmente nove grandi aree metropolitane[81] particolarmente inquinate) potesse essere venduta solamente benzina c.d. riformulata[82], mentre nelle altre sarebbe stata libera la vendita di benzine convenzionali con tasso di inquinamento non superiore a quello del 1990 (c.d. "regola di non-degradazione").

Il compito di emanare nuove regole sulla composizione di queste benzine, e in particolare il compito di stabilire le linee di riferimento dei tassi d'inquinamento (*baselines)*, venne affidato

---

[80] *United States - Standards for Reformuled and Conventional Gasoline* (la traduzione è nostra). Per un'analisi più approfondita del caso si veda: NOGUEIRA, *The First,* cit., p. 5 e ss.

[81] Le *Metropolitan Statistical Areas* sono una nozione statistica da tempo adottata negli Stati Uniti, basata sull'accorpamento di numerosi centri ad alto grado di integrazione economica e sociale. Nel 1990 quelle con più di un milione di abitanti erano ben trentanove. Le maggiori nove sono abitate in totale da circa settanta milioni di persone, che usufruiscono di un parco macchine che si aggira sui novanta milioni di esemplari (Dati tratti da: *Enciclopedia Geografica Garzanti,* Milano, 1995, p. 1025 e ss.).

[82] La composizione di tale benzina doveva soddisfare alcuni parametri: ossigeno non inferiore al 2% del peso, benzene non superiore all'1% del volume e assenza di metalli pesanti, compresi piombo e manganese. Inoltre, doveva esserci una riduzione del 15% nell'emissione di composti volatili organici ozonogeni e di inquinanti tossici, e un non-incremento nell'emissione degli ossidi di azoto, avendo come linea di riferimento il 1990.

all'Ente per la protezione ambientale degli Stati Uniti (*Environmental Protection Agency* - EPA) che, alla fine del '93, adottò il "Regolamento per i carburanti e gli additivi - Regole sulla benzina riformulata e convenzionale"[83], comunemente denominato *"Gasoline Rule"*, nel quale si prevedeva che le *baselines*[84] potessero essere di due tipi: individuali (stabilite dalle imprese stesse) o legali (stabilite dall'EPA), a seconda della natura dell'impresa considerata. Ai raffinatori nazionali (in attività per almeno sei mesi nel 1990) veniva data la possibilità di stabilire la propria *baseline* individuale seguendo tre metodi alternativi, prima di essere sottoposti a quella legale (più restrittiva). Lo stesso trattamento non era riservato né agli importatori nazionali di benzine estere, né ai raffinatori esteri (a meno che non esportassero più del 75% della loro produzione negli Stati Uniti[85]), i quali potevano utilizzare solo il primo dei tre metodi.

Innanzi al Panel che si occupò della questione[86], Venezuela e Brasile lamentarono, principalmente, la contrarietà della *Gasoline Rule* ai paragrafi 1 e 4 dell'articolo III del GATT 1994[87] sul

---

[83] *Fuels and Fuel Additivies - Standards for Reformulated and Conventional Gasoline,* Parte 80, Titolo 40 del *Code of Federal Regulations* (la traduzione è nostra).

[84] Dal primo gennaio '95 al primo gennaio '98, i raffinatori, miscelatori e importatori statunitensi potevano usare, per le benzine riformulate, un metodo provvisorio di certificazione denominato "Modello Semplificato" (*Simple Modle*), che richiedeva la conformità con le specificazioni fissate concernenti l'ossigeno, il benzene e gli inquinanti tossici, e con alcuni criteri di non-degradazione per mantenere il solfuro, l'olefina e la qualità del T-90 almeno agli stessi livelli del 1990. Le benzine convenzionali dovevano invece mantenere agli stessi livelli del '90 ogni componente della benzina.

[85] Questa norma, denominata *"75 per cent rule"*, a detta del Venezuela e del Brasile, violava l'art. I del GATT 1994 sul trattamento della nazione più favorita (sarebbero stati favoriti quei Paesi che per i motivi più vari avevano il loro mercato d'esportazione principale negli Stati Uniti), ma cessò di avere effetto ancor prima che venisse investito della questione il Panel, così, pur se sollevata, la questione non fu esaminata.

[86] Insediatosi, con un mandato standard, il 28 aprile 1995, con J. Wong presidente, C. Falconer e K. Luotonen membri.

[87] *Art. III - Trattamento nazionale in materia di imposizioni e di regolamentazione*

trattamento nazionale in materia di imposizioni e di regolamentazione interna[88], non giustificata da nessuna delle eccezioni generali previste dall'art. XX dello stesso accordo. Tale norma[89] è composta da un preambolo e da una serie di casi (indicati con lettere dell'alfabeto) nei quali delle misure contrarie a

---

interna: «1. Le parti contraenti riconoscono che le tasse e le altre imposizioni interne, così come le leggi, i regolamenti e le prescrizioni relative alla vendita, alla messa in vendita, all'acquisto, al trasporto, alla distribuzione o all'utilizzazione dei prodotti sul mercato interno e le regolamentazioni quantitative interne prescriventi la mescolanza, la trasformazione e la utilizzazione in quantità o in proporzioni determinate di certi prodotti, non dovranno essere applicate ai prodotti importati o nazionali in maniera da proteggere la produzione nazionale. (...) 4. I prodotti del territorio di qualsiasi parte contraente importati sul territorio di qualsiasi altra parte contraente non saranno sottoposti ad un trattamento meno favorevole di quello accordato ai prodotti similari d'origine nazionale per quanto concerne qualsiasi legge, regolamento o prescrizione relativa alla vendita, alla messa in vendita, all'acquisto, al trasporto, alla distribuzione e alla utilizzazione di questi prodotti sul mercato interno. Le disposizioni del presente paragrafo non impediranno l'applicazione di tariffe differenziate per i trasporti interni, fondati esclusivamente sull'utilizzazione economica dei mezzi di trasporto e non sull'origine del prodotto. (...)» (la traduzione è quella, non ufficiale, che appare nel volume di VENTURINI, *L'accordo,* cit., p. 42 e s.).

[88] Venne eccepita la contrarietà della norma anche agli articoli I del GATT 1994 (si veda *supra* la nota 85) e 2 dell'Accordo sulle barriere tecniche al commercio (questione non affrontata né dal Panel né dal Corpo d'Appello, perché irrilevante). Il solo Venezuela sollevò anche la questione, non esaminata, della contrarietà all'art. XXIII GATT sulla protezione delle concessioni e dei vantaggi.

[89] *Art. XX. Eccezioni generali:* «A condizione che queste misure non siano applicate in maniera da costituire un mezzo di discriminazione arbitraria o ingiustificata tra i paesi dove esistono le stesse condizioni, oppure una larvata restrizione al commercio internazionale, niente nel presente Accordo sarà interpretato nel senso che impedisca l'adozione o la applicazione da parte di qualsiasi parte contraente di misure: a) (...); b) necessarie alla protezione della salute e della vita delle persone, degli animali o alla preservazione dei vegetali; c) (...); d) necessarie per assicurare l'applicazione di leggi e regolamenti non incompatibili con le disposizioni del presente Accordo (...); e) (...); f) (...); g) relative alla conservazione delle risorse naturali esauribili, ove tali misure siano applicate unitamente a restrizioni della produzione o del consumo nazionali; h) (...); i) (...); j) (...)» (la traduzione è quella inserita in VENTURINI, *L'accordo,* cit., p. 59 e s.).

disposizioni del GATT possono tuttavia ritenersi giustificate. La funzione del preambolo è invece escludere in ogni caso la giustificabilità di tali misure qualora siano «applicate in maniera da costituire un mezzo di discriminazione arbitraria o ingiustificata (...) o una larvata restrizione al commercio internazionale».

Gli Stati Uniti chiesero appunto che le normative interne in questione fossero dichiarate, se non legittime, almeno giustificate dalle eccezioni previste dall'art. XX (b), (d) e (g) del GATT 1994[90]. Alla discussione parteciparono anche, come terzi interessati, Norvegia e Comunità europea, su posizioni simili a quelle brasiliana e venezuelana.

Il Panel, respingendo le tesi statunitensi, dichiarò la *Gasoline Rule* in contrasto con l'art. III:4 del GATT in quanto riservava un trattamento meno favorevole ad un prodotto estero «similare» a un prodotto nazionale (la benzina), senza che si fosse in presenza di una delle eccezioni previste dall'art. XX (b), (d) o (g), anche se l'aria pulita poteva certamente considerarsi «risorsa naturale esauribile»[91] ai sensi della stessa lettera (g). La misura, infatti, non poteva, secondo il Panel, ritenersi «relativa» alla sua conservazione. Di conseguenza non venne ritenuto necessario accertare se la misura fosse stata adottata «unitamente a restrizioni della produzione o del consumo nazionali» né se fosse in conflitto con il preambolo dello stesso art. XX[92].

Gli Stati Uniti impugnarono il rapporto[93] innanzi all'*Appellate Body*[94], lamentando, sostanzialmente, l'errata interpretazione dell'art. XX (g), senza peraltro contestare le altre

---

[90] Si veda la nota precedente.

[91] La questione è stata affrontata solo dal Panel, giacché le eccezioni a riguardo sollevate da Venezuela e Brasile innanzi al Corpo d'Appello sono state considerate inammissibili, dovendo essere sollevate con appello "incidentale" (Si veda meglio *infra* Capitolo III, § 1, p. 57 e ss.).

[92] Per lo stesso motivo non fu analizzata la coerenza delle misure in questione con gli artt. III:1 e XXIII:1(b) dell'Accordo Generale.

[93] Reso il 29 gennaio 1996.

[94] Gli Stati Uniti presentarono la loro *Notice of Appeal* il 21 febbraio 1996.

conclusioni, in particolare la dichiarazione di incongruità della *Gasoline Rule* con l'art. III:4. Oltre alle Parti in causa, alla procedura parteciparono anche Comunità europea e Norvegia, sempre come terzi interessati.

Il Corpo d'Appello[95], interpretando la norma alla luce dell'art. 31 della Convenzione di Vienna sull'interpretazione dei trattati del 1969[96], dichiarò le misure statunitensi giustificabili, in linea teorica, ai sensi della lettera (g) dell'art. XX GATT 1994 e quindi sia «relative» alla conservazione dell'aria pulita (risorsa naturale esauribile), sia adottate «unitamente ad una restrizione del consumo interno», ma riscontrò la loro contrarietà al preambolo dello stesso articolo XX, ritenendo che dessero luogo ad una «irragionevole discriminazione» e ad una «larvata restrizione del commercio internazionale», confermando quindi il loro contrasto con le norme contenute nel GATT.

---

[95] La sezione che si occupò della vicenda era così composta: F. Feliciano, presidente; C. Beeby e M. Matsushita, membri. Il Rapporto (AB-1996-1) venne reso il 22 aprile 1996, e adottato dal DSB il 20 maggio dello stesso anno.

[96] *Art. 31 - Regola generale per l'interpretazione:* «1. Un trattato deve essere interpretato in buona fede in base al senso comune da attribuire ai termini del trattato nel loro contesto e alla luce del suo oggetto e del suo scopo. 2. Ai fini dell'interpretazione di un trattato, il contesto comprende, oltre al testo, preambolo e allegati inclusi: a) ogni accordo relativo al trattato e che sia intervenuto tra tutte le parti in occasione della sua conclusione; b) ogni strumento disposto da una o più parti in occasione della conclusione del trattato ed accettato dalle altre parti in quanto strumento relativo al trattato. 3. Verrà tenuto conto, oltre che del contesto: a) di ogni accordo ulteriore intervenuto tra le parti circa l'interpretazione del trattato o l'attuazione delle disposizioni in esso contenute; b) di ogni ulteriore pratica seguita nell'applicazione del trattato con la quale venga accertato l'accordo delle parti relativamente all'interpretazione del trattato; c) di ogni norma di diritto internazionale pertinente, applicabile alle relazioni fra le Parti. 4. Si ritiene che un termine o un'espressione abbiano un significato particolare se verrà accertato che tale era l'intenzione delle parti (la traduzione è quella, non ufficiale, inserita in *GU* n. 111 del 30 aprile 1974, *Supplemento ordinario,* p. 25).

2. *"Giappone - Tasse sugli alcolici"*

La questione ("Giappone - Tasse sulle bevande alcoliche")[97] riguarda una legge fiscale giapponese del 1953 (e successive modificazioni)[98] che classificava i vari tipi di bevande alcoliche in dieci categorie principali[99], variamente tassate. Lo *shochu*, un distillato tipico del Giappone e del sud-est asiatico di variabile gradazione alcolica, risultava essere una categoria a sé stante, suddivisa in due sotto-categorie a seconda che fosse prodotto con un processo di distillazione continuo (sotto-categoria A) o meno (sotto-categoria B). Il c.d. *"shochu* A" è prodotto attraverso la ri-distillazione di alcol etilico (generalmente importato) addizionato d'acqua. Solitamente ha un grado alcolico pari a venticinque gradi. Il *"shochu* B", invece, è prodotto dalla fermentazione di riso, patate dolci, orzo o patate (ma anche datteri), ed è solitamente più alcolico (sino a quarantacinque gradi). Si tratta, in entrambi i casi (in genere), di distillati incolori e non invecchiati, non filtrati né aromatizzati[100].

Le tasse gravanti sul prodotto erano considerevolmente inferiori a quelle gravanti sulle categorie "whisky/brandy", "superalcolici" e "liquori"[101]. Per questo motivo, la Comunità europea, il Canada e gli Stati Uniti lamentarono, con diverse gradazioni, una violazione dell'art. III del GATT 1994 da parte del Giappone, poiché il diverso trattamento riservato al *shochu* rispetto ad altri prodotti alcolici ritenuti «similari», o «direttamente

---

[97] *Japan - Taxes on Alcoholic Beverages* (la traduzione è nostra).
[98] Legge n. 6 del 1953 (Shuzeiho).
[99] Di cui le più importanti sono: sakè; *shochu*; birra; vino; whisky e brandy; superalcolici; liquori.
[100] Il whisky, il brandy e anche il rhum subiscono un processo di invecchiamento; il gin è aromatizzato; la vodka è filtrata con un particolare procedimento.
[101] Il *"shochu* A" era tassato, in media, circa 155.000 yen (più o meno due milioni di lire) ogni dieci ettolitri; il *"shochu* B", 135.000 yen (circa un milione e settecentomila lire); il whisky e il brandy, c.ca 980.000 yen (quasi tredici milioni di lire); gli altri superalcolici (gin, rhum, vodka...), sulle 365.000 yen (quattro milioni settecentomila lire); i liquori (a diciotto gradi), c.ca 150.000 yen (un milione novecentomila lire).

competitivi o sostituibili», rilevava una violazione del principio del trattamento nazionale sancito nello stesso art. III.

Il 30 ottobre 1995, su richiesta delle tre Parti che lamentavano la violazione delle norme GATT, il DSB istituì un Panel[102] affinché, con mandato standard, si occupasse della questione. In questa sede, la Comunità sostenne che la vodka, il gin, il *genever*, il rhum bianco e lo *shochu* fossero «prodotti similari» ai sensi dell'art. III:2, prima frase[103], e che quindi il Giappone, tassandoli difformemente, fosse incorso in una violazione di tale norma. In subordine, la Comunità chiese al Panel di dichiarare i prodotti citati «direttamente competitivi o sostituibili», ai sensi della nota interpretativa dell'art. III:2 contenuta nell'Allegato I al GATT 1994[104], e quindi di dichiarare le difformità di tassazione contrarie all'art. III:2, seconda frase[105]. Medesima richiesta, ma in via principale, venne fatta per whisky, brandy e liquori.

Il Canada, invece, sostenne che il whisky, il brandy, i liquori e tutti gli altri distillati alcolici da un lato, e lo *shochu*, dall'altro, fossero da considerare prodotti «direttamente competitivi e sostituibili» e che quindi il Giappone, tassandoli in maniera difforme, avesse violato l'art. III:2, seconda frase, del GATT 1994.

---

[102] I suoi membri erano: H. Puri, presidente; L. Wasescha; H. McPhail.

[103] *Art. III:2, prima frase:* «I prodotti provenienti dal territorio di qualsiasi Parte contraente importati sul territorio di qualsiasi altra Parte contraente non saranno colpiti, direttamente o indirettamente, da tasse o altre imposizioni interne, di qualsiasi tipo, in misura superiore a quelle che colpiscono direttamente o indirettamente prodotti nazionali similari» (la traduzione è quella inserita in VENTURINI, *L'accordo*, cit., p. 42).

[104] *Nota all'art. III:2:* «Una tassa conforme ai requisiti della prima frase del paragrafo 2 sarà considerata contraria alle previsioni della seconda frase solo nei casi in cui vi sia competizione tra il prodotto tassato da una parte e un prodotto direttamente competitivo o sostituibile che non sia similmente tassato dall'altra» (la traduzione è nostra).

[105] *Art. III:2, seconda frase:* «Inoltre nessuna parte contraente applicherà, in altra maniera, tasse o altre imposizioni interne sui prodotti importati o nazionali in maniera contraria ai principî enunciati al paragrafo primo» (la traduzione è quella inserita in VENTURINI, *L'accordo*, cit., p. 42).

Gli Stati Uniti, dal canto loro, chiesero che il Panel dichiarasse tutti i superalcolici "bianchi" e tutti i superalcolici "bruni" «prodotti similari» ai sensi dell'art. III:2, prima frase, e quindi le difformità di tassazione tra lo *shochu* e gli altri superalcolici "bianchi", così come le difformità di tassazione tra il whisky e il brandy e gli altri superalcolici "bruni", in contrasto con l'art. III:2, prima frase. In subordine chiesero che i prodotti citati fossero dichiarati «direttamente competitivi e sostituibili» e che quindi la legge sugli alcolici nipponica fosse dichiarata contraria all'art. III:2, seconda frase[106].

Il Giappone si difese affermando che le difformità di tassazione della legge sugli alcolici non erano dirette a (e non avevano avuto l'effetto di) «proteggere la produzione nazionale» ai sensi dell'art. III:1 del GATT 1994[107], facendo notare, tra le altre cose, come lo *shochu* non fosse un prodotto esclusivamente giapponese. Inoltre sostenne che lo *shochu* e gli altri prodotti alcolici citati dalle Controparti non si potessero considerare né similari né direttamente competitivi o sostituibili.

Il Panel procedette sulla base degli articoli 31 e 32 della già citata Convenzione di Vienna sul diritto dei trattati[108] e sulla base dei rapporti dei Panel relativi alla questione precedentemente adottati. Considerò questi ultimi (alla stregua delle altre Decisioni delle PARTI CONTRAENTI del GATT 1947 e del DSB) parte del contesto degli accordi contemplati in quanto «pratica ulteriormente seguita»

---

[106] Gli Stati Uniti sollevarono anche una questione relativa a una "Legge sulle misure speciali di tassazione" che non venne esaminata perché esorbitante il mandato.

[107] Per il testo della norma, si veda *supra* la nota 87.

[108] *Art. 32 - Mezzi complementari di interpretazione*: «Si potrà ricorrere a mezzi complementari di interpretazione, ed in particolare ai lavori preparatori ed alle circostanze nelle quali il trattato è stato concluso, allo scopo, sia di confermare il significato risultante dall'applicazione dell'art. 31, che di definire un significato quando l'interpretazione data in base all'art. 31: a) lasci il significato ambiguo o oscuro; o b) porti ad un risultato chiaramente assurdo od illogico» (la traduzione è quella inserita in *GU*, cit., p. 25). Per il testo dell'art. 31 si veda *supra* la nota 96.

ai sensi dell'art. 31.3 (b) della Convenzione di Vienna[109]. Con queste premesse interpretative, dichiarò che lo *shochu* e la vodka erano prodotti «similari» e che quindi il Giappone, tassando quest'ultima più del precedente, aveva violato l'art. III:2, prima frase del GATT 1994. Dichiarò inoltre che lo *shochu,* il whisky, il brandy, il rhum, il gin, il *genever* e i liquori erano prodotti «direttamente competitivi o sostituibili» affermando quindi la contrarietà della legge sulle bevande alcoliche dell'art. III:2, seconda frase, ritenendo che la difformità di tassazione (purché non *de minimis*) fosse prova sufficiente dell'intento di protezione alla produzione nazionale (art. III:1).

Il Giappone -prima- e gli Stati Uniti -poco dopo- appellarono il rapporto, lamentando diversi errori di interpretazione commessi dal Panel[110]. Come appellati si costituirono (oltre a Giappone e Stati Uniti, appellanti e appellati) il Canada e la Comunità europea.

Il Giappone lamentò: l'errata interpretazione dell'art. III:2, prima e seconda frase, alla luce dell'art. III:1[111], considerato parte del contesto della norma; la mancata analisi della questione se la legge sugli alcolici avesse avuto lo *scopo* e l'*effetto* (entrambi) di «proteggere la produzione nazionale»; la mancata valutazione, ai fini della determinazione di una situazione di protezione, dell'esistenza di un collegamento tra l'origine dei prodotti e il trattamento loro riservato dalla legge fiscale; lo scarso peso dato al rapporto tassa/prezzo come metro di valutazione nella comparazione della pressione fiscale ai sensi dell'art. III:2; l'errata interpretazione e applicazione dell'art. III:2, seconda frase, provocata dall'equiparazione dell'espressione «non similmente tassato» usata nella nota all'art. III:2[112] all'espressione «in maniera da proteggere»

---

[109] Si veda il § 6.10 del rapporto del Panel
[110] Il rapporto venne reso l'11 luglio 1996. Il Giappone notificò la sua intenzione di appellarsi l'8 agosto. Presentò appello il 19. Gli Stati Uniti, invece, il 23.
[111] Si veda *supra* la nota 87.
[112] Si vedano *supra* le note 103, 104 e 105.

utilizzata nell'art. III:1; l'eccessivo peso, infine, assegnato alla classificazione tariffaria per determinare la similarità dei prodotti.

Gli Stati Uniti lamentarono: (anch'essi) l'errata interpretazione dell'art. III:2 alla luce dell'art. III:1 e l'errata interpretazione e applicazione dell'art. III:2, seconda frase, causata dall'equiparazione delle citate espressioni «in maniera da proteggere» e «non similmente tassato»; il mancato riconoscimento della similarità di tutti i superalcolici distillati; l'errata affermazione di una connessione tra gli obblighi del trattamento nazionale e le regole tariffarie; l'eccessivo peso dato al criterio dell'elasticità della domanda ai fini della determinazione dei prodotti direttamente competitivi; l'errata determinazione dei prodotti direttamente competitivi (tutti i distillati alcolici, non solo quelli citati); l'errata valutazione dell'ambito degli artt. III:2 e III:4[113], considerati non equivalenti[114]; l'errata valutazione, infine, dei rapporti adottati dalle PARTI CONTRAENTI del GATT 1947 e dal DSB come «pratica ulteriormente seguita in un caso specifico in virtù della decisione di adottarli».

Quest'ultimo rilievo venne condiviso anche da Canada e Comunità europea, facendo quindi risultare pressoché unanime la censura alla valutazione fatta dal Panel sulla natura vincolante dei rapporti adottati.

Il Corpo d'Appello[115] affrontò le questioni a partire dagli artt. 31 e 32 della Convenzione di Vienna, corollario dei quali è il principio di effettività che obbliga l'interprete ad adottare, tra più interpretazioni ugualmente possibili, quella che permette di assegnare, comunque, una funzione alla norma.

Dopo aver dichiarato che le decisioni di adottare i rapporti dei Panel non sono assimilabili alle altre decisioni delle PARTI

---

[113] Si veda *supra* la nota 87.
[114] Si veda il § 6.20 del rapporto del Panel.
[115] La sezione che si occupò del caso era composta da: J. Lacarte-Muró, presidente; J. Bacchus e S. El-Naggar, membri. Il Rapporto (AB-1996-2), reso il 25 settembre 1996, fu adottato dal DSB il 1° novembre dello stesso anno.

CONTRAENTI (o del DSB) e non possono quindi considerarsi una «pratica ulteriormente seguita» ma semplicemente una parte importante dell'*acquis* del GATT di cui *si può-* ma non *si deve*-tener conto, il Corpo d'Appello affrontò la questione dell'interpretazione dell'art. III, occupandosi in particolare dei paragrafi 1 e 2, inclusa la nota interpretativa già citata[116].

A parere dell'organo d'appello, il paragrafo 1 sancisce un principio generale alla cui luce deve leggersi tutto l'art. III, e in particolare l'art. III:2, prima e seconda frase, con le quali deve interagire, per il principio di effettività, in modo differente.

In relazione alla prima frase, che non cita esplicitamente il paragrafo 1, questa interazione comporta che prima occorra stabilire se un prodotto nazionale e uno importato siano «similari» e poi se il secondo sia tassato «in misura superiore» al primo. Se queste due condizioni si verificano, sussiste senz'altro una violazione dell'art. III:2, prima frase, senza che occorra determinare se le misure siano state adottate «in maniera da proteggere la produzione nazionale». La "similarità" va interpretata restrittivamente, caso per caso. Alcuni criteri utili sono: l'uso finale dei prodotti in un dato mercato, i gusti e le abitudini dei consumatori, la qualità, la natura e le proprietà dei prodotti. Anche le classificazioni tariffarie uniformi, se sufficientemente dettagliate, possono essere d'aiuto, ma non devono comprendere una gamma troppo ampia di prodotti per essere considerate un criterio attendibile. Stabilita la similarità, resta poi da definire cosa significhi la locuzione «in misura superiore» dell'art. III:2, prima frase. Secondo il Panel, e anche secondo il Corpo d'Appello, si deve intendere qualunque differenza quantitativa, anche minima.

La seconda frase del paragrafo 2, invece, fa specifico riferimento al paragrafo 1. E quindi, dopo aver stabilito se i prodotti siano «direttamente competitivi o sostituibili» e «non similmente

---

[116] Della questione sollevata dagli Stati Uniti in merito agli artt. III:2 e III:4 il Corpo d'Appello non si occupa se non per dire, alla nota 44, che il Panel ha sollevato solamente un'ipotesi, senza prendere realmente posizione sul problema.

tassati» (ai sensi della nota interpretativa più volte citata), va verificato che ciò sia stato fatto «in maniera da proteggere la produzione nazionale». In sostanza, mentre violate le prescrizioni della prima frase v'è una presunzione di intento protettivo nelle misure, per le violazioni delle prescrizioni della seconda frase questo intento va positivamente provato. La diretta competitività dei prodotti va accertata mediante il principale criterio del loro uso finale, così come evidenziato anche dall'«elasticità di sostituzione» dei diversi prodotti (criterio cui il Panel, secondo il Corpo d'Appello, non ha dato eccessivo peso)[117]. La locuzione «non similmente tassato», sempre per via del criterio di effettività, deve però significare per forza qualcosa di diverso da «tassato in misura superiore». Secondo il Panel, con cui il Corpo d'Appello concorda, la prima espressione va letta, infatti, nel senso che la differenza di tassazione debba essere superiore a un minimo, da valutare caso per caso. L'ultimo problema è stabilire, come detto, se la diversa tassazione di prodotti direttamente competitivi o sostituibili sia stata adottata «in maniera da proteggere la produzione nazionale». Mentre secondo il Panel sarebbe sufficiente provare la differenza di tassazione superiore a un minimo per concludere che si tratti di protezione, il Corpo d'Appello ritiene che si debba tener conto anche di altri fattori, che in altri casi possono essere più rilevanti. In ogni caso irrilevante è invece l'intento del legislatore: l'unico fatto da valutare, infatti, è la *concreta applicazione* di una data misura fiscale, non l'effetto che si intendeva ottenere. Similmente, il fatto che la misura sia applicata su una base *origin-neutral,* non esclude che vi possa ugualmente essere un effetto protettivo. In ogni caso, le tre questioni (diretta competitività dei prodotti; non simile tassazione; effetto protettivo) vanno affrontate e risolte separatamente.

---

[117] Il Panel ha invece violato il suo mandato non dichiarando che *tutti* i superalcolici, eccetto la vodka, erano prodotti direttamente competitivi o sostituibili. Questa è stata, per inciso, l'unica modifica di rilievo "pratico" apportata dal Corpo d'Appello al rapporto del Panel.

In conclusione, quindi, il Corpo d'Appello, pur rettificando in alcune parti il rapporto del Panel, ha nella sostanza confermato le violazioni all'art. III:2, prima e seconda frase perpetrate dal Giappone.

3. *"Stati Uniti - Restrizioni alle importazioni di biancheria"*

Il terzo caso di cui ci occupiamo ("Stati Uniti - Restrizioni alle importazioni di biancheria di cotone o in fibre sintetiche")[118] riguarda il settore tessile, regolato principalmente dal nuovo "Accordo sui Tessili e l'Abbigliamento" (*Agreement on Textiles and Clothing* - ATC)[119], nel cui ambito il principio GATT del divieto di restrizioni quantitative alle importazioni non trova piena applicazione[120]. Pur essendo prevista una progressiva liberalizzazione del settore (che si completerà nel 2005) è infatti tollerata l'esistenza di un sistema programmato di restrizioni quantitative sulla base di quote bilaterali. In alcuni casi è consentita inoltre l'imposizione di misure temporanee di salvaguardia che possono essere adottate anche unilateralmente.

In tale contesto normativo, gli Stati Uniti richiesero consultazioni con alcuni Paesi (di cui due non ancora membri WTO)[121] le cui esportazioni, a giudizio della Commissione per l'Attuazione degli Accordi Tessili (*U.S. Commitee for the Implementation of Textiles Agreements* - CITA), mettevano in serio pericolo l'industria americana della biancheria. Fu così raggiunto un accordo soddisfacente con tutti i Paesi in questione tranne la Costa Rica, che non accettò di subire restrizioni alle proprie esportazioni,

---

[118] *United States - Restrictions on Imports of Cotton and Man-made Fibre Underwear* (la traduzione è nostra).
[119] Uno degli "Accordi multilaterali sullo scambio di merci" costituenti l'allegato 1A dell'Accordo WTO (sul punto si veda meglio *supra* Capitolo I, § 1, p. 7 e ss.).
[120] Sul punto si veda: COMBA, *Il neo liberismo,* cit., p. 240.
[121] Si trattava di: Costa Rica, Honduras, Repubblica Dominicana, Thailandia e Turchia; oltre che di Colombia ed El Salvador (non Membri WTO).

contestando la legittimità della pretesa americana. Condizione per l'imposizione di misure temporanee di salvaguardia era infatti l'esistenza di un «grave pregiudizio o della minaccia effettiva di pregiudizio» per l'industria nazionale che, a giudizio della Costa Rica, gli Stati Uniti non avevano provato, secondo quanto richiesto dall'art. 6 dell'ATC.

La richiesta di consultazione con la Costa Rica era stata inoltrata il 27 marzo 1995, secondo quanto previsto dall'art. 6.7 dell'ATC, contemporaneamente a una "Denuncia di grave pregiudizio" datata marzo 1995 sulla base della quale si proponeva l'adozione di restrizioni quantitative. Notizia della richiesta di consultazioni e delle misure proposte venne pubblicata sul *Federal Register* il 21 aprile. Vista però l'impossibilità di raggiungere un accordo, gli Stati Uniti invocarono l'art. 6.10 dell'ATC e il 23 giugno limitarono unilateralmente le importazioni di biancheria di cotone e in fibre sintetiche provenienti dalla Costa Rica, attribuendo valore retroattivo alla misura, facendone decorrere l'efficacia -di dodici mesi- a partire dal giorno di richiesta delle consultazioni e cioè dal 27 marzo 1995. Contemporaneamente gli Stati Uniti riferirono la questione all'Organo di Controllo dei Tessili (*Textiles Monitoring Body* - TMB)[122] che, pur dando ragione alla Costa Rica[123], notata l'impossibilità di raggiungere un accordo raccomandò ai due Paesi ulteriori consultazioni che però non portarono a nulla, tanto che la Costa Rica, nel dicembre del '95, invocò le regole per la risoluzione delle controversie previste nella DSU, portando così all'istituzione di un Panel che, con mandato standard, si occupò della questione[124].

---

[122] Tale organo ha «il compito di sorvegliare l'attuazione dell'accordo ed esaminare tutte le misure prese (dagli Stati) per verificare la loro conformità agli obblighi assunti ed intraprendere le azioni specificatamente assegnate». Così COMBA, *Il neo liberismo,* cit., p. 240.

[123] Riconoscendo che non fosse stato provato il pericolo di un grave danno all'industria.

[124] Insediatosi il 5 marzo 1996 con T. Cottier presidente, M. Harvey e J. Human membri.

Durante la procedura[125] gli Stati Uniti prorogarono le misure in questione per un altro anno, sino al 27 marzo 1997.

La Costa Rica accusò gli Stati Uniti di aver violato, a causa delle misure restrittive, diverse disposizioni dell'ATC. In particolare lamentò: la violazione degli artt. 6.2 e 6.4, in quanto non era stata dimostrata l'esistenza o l'imminenza di un grave pregiudizio per l'industria americana; la violazione dell'art. 6.6 (d) causata dal mancato rispetto del trattamento più favorevole da riservare alle reimportazioni dalla Costa Rica[126]; la violazione dell'art. 2.4 in quanto, ai sensi di tale disposizione, nessuna nuova misura restrittiva può essere presa al di fuori di quanto previsto dall'ATC o dalle norme rilevanti del GATT; il mancato rispetto dell'obbligo di consultazione in merito alla questione del grave pericolo previsto dagli artt. 6.7 e 6.10; la violazione dell'art. 8 per non aver rispettato la raccomandazione del TMB; la violazione dell'art. 6.10 causata dall'applicazione retroattiva delle misure: il silenzio della norma in proposito, vista la presenza di una clausola autorizzativa espressa nell'accordo previgente, doveva essere interpretato, secondo la Costa Rica, come un divieto assoluto, di modo che le misure statunitensi avrebbero potuto trovare applicazione solo in data successiva a quella di adozione (23 giugno '95).

Il Panel, partendo sempre dall'art. 31 della Convenzione di Vienna e dal principio di effettività (sulla base delle due precedenti pronunce del Corpo d'Appello), soddisfò tutte le richieste della Costa Rica eccezion fatta per le ultime tre (relative al mancato obbligo di consultazione, alla violazione dell'art. 8 e alla retroattività delle misure).

---

[125] Cui partecipò come terzo interessato anche l'India, su posizioni identiche a quelle della Costa Rica.

[126] Per reimportazioni devono intendersi le importazioni di prodotti finiti assemblati con materie prime nazionali. Nel caso specifico, gli Stati Uniti esportano cotone e fibre sintetiche affinché manodopera meno cara (per esempio centroamericana) si occupi di produrre biancheria che poi viene reimportata e venduta sul mercato americano dalle stesse aziende esportatrici di materie prime.

Nel primo e nel secondo caso il Panel riconobbe che gli Stati Uniti avevano in effetti rispettato i loro obblighi di consultazione e di rispetto delle raccomandazioni del TMB. Nel terzo, quello sulla retroattività delle misure restrittive, sulla base di una lettura dell'art. 6.10 dell'ATC[127] in collegamento con l'art. X:2 del GATT[128], il Panel affermò, in linea di principio, la liceità dell'applicazione retroattiva delle misure, con il limite posto però dalla data di pubblicazione ufficiale della richiesta di consultazioni: il 21 aprile 1995 (gli Stati Uniti avevano invece applicato le misure a partire dalla data nella quale la richiesta di consultazioni era stata effettuata, cioè a dire il 27 marzo 1995).

In conclusione raccomandò agli Stati Uniti di conformarsi alla pronuncia rimuovendo al più presto le misure restrittive[129].

---

[127] *Art. 6.10*: «Se, tuttavia, dopo la scadenza del termine di sessanta giorni dalla data in cui è stata ricevuta la richiesta di consultazioni, i Membri non hanno raggiunto un accordo, il Membro che ha proposto l'applicazione di un'azione di salvaguardia può applicare la restrizione per data di importazione o per data di esportazione, conformemente al presente articolo, entro i 30 giorni successivi al periodo di sessanta giorni previsto per le consultazioni, deferendo contemporaneamente la questione al TMB. Ciascuno dei membri può deferire la questione al TMB prima della scadenza del periodo di sessanta giorni. In entrambi i casi, il TMB esamina tempestivamente la questione, inclusi gli aspetti relativi all'accertamento di un grave pregiudizio o della minaccia effettiva di pregiudizio e le relative cause, e avanza le appropriate raccomandazioni ai Membri interessati entro trenta giorni. Al fine di svolgere tale esame, il TMB deve avere a sua disposizione le informazioni concrete fornite al Presidente del TMB, di cui al paragrafo 7, nonché eventuali altre informazioni pertinenti fornite dai Membri interessati» (la traduzione è quella contenuta in *GUCE*, cit., p. 56).

[128] *Art. X:2 - Pubblicazione ed applicazione delle regolamentazioni relative al commercio*: «Nessuna misura d'ordine generale che possa adottare una parte contraente e che comporterebbe l'accrescimento di un dazio o di una altra imposizione all'importazione in base a usi stabiliti e uniformi o che comporterebbe, per le importazioni o il trasferimento dei fondi relativi a importazioni, una prescrizione, una restrizione o un divieto nuovi o aggravati entrerà in vigore prima di essere stata ufficialmente pubblicata» (la traduzione è quella inserita in VENTURINI, *L'accordo*, cit., p. 49).

[129] Gli Stati Uniti contestarono il diritto del Panel a indirizzare una raccomandazione così specifica. Ai sensi dell'art. 19.1 della DSU, vista la richiesta in tal senso della

Sostenendo l'assoluto divieto di applicazione di misure retroattive[130], la Costa Rica presentò appello contro il rapporto del Panel[131]. Gli Stati Uniti, che invece non appellarono[132], sostennero che la retroattività delle misure fosse l'unico modo per proteggere il sistema economico dalle speculazioni che sempre seguono un annuncio di richiesta di consultazioni. La Costa Rica ribatté che la difesa di questi interessi era garantito dall'art. 6.11, mai invocato dagli Stati Uniti.

Il Corpo d'Appello[133], interpretando il "silenzio" dell'art. 6.10 dell'ATC come un divieto, affermò l'illiceità della retroattività delle misure, a nulla rilevando in proposito l'art. X:2 del GATT, anche se le misure statunitensi potevano considerarsi "generali" ai sensi di tale articolo[134]. Questo perché l'ambito delle due norme è completamente diverso: mentre l'art. 6.10 impedisce di applicare misure di salvaguardia se non dopo lo spirare del termine di sessanta giorni previsto per le consultazioni, l'art. X:2 impedisce che tali misure abbiano effetto se non ufficialmente pubblicate, afferendo quindi, tale norma, al fondamentale principio di trasparenza.

Costa Rica, il Panel si dichiarò invece autorizzato ad un tale pronunciamento.

[130] Sancito anche dall'art. XIII:3 (b) del GATT.

[131] Il Rapporto è stato reso l'8 novembre 1996. La *Notice of Appeal* fu presentata l'11 novembre 1996, la costituzione in appello il 21 novembre.

[132] Si costituirono come appellati il 6 dicembre 1996.

[133] La sezione che si occupò della vicenda era costituita da: C.D. Ehlerman, presidente; F. Feliciano e M. Matsushita, membri. Alla procedura partecipò, come innanzi al Panel, anche l'India. Il Rapporto (AB-1996-3), reso il 5 febbraio 1997, fu adottato dal DSB il 20 marzo dello stesso anno.

[134] Secondo il Corpo d'Appello (e anche secondo il Panel) per misura generale si deve intendere qualunque misura statale riferita ad una generalità di soggetti. Per cui il fatto che le misure fossero prese nei confronti della Costa Rica non è rilevante, in quanto i veri destinatari erano le imprese tessili operanti sul mercato della biancheria.

4. *"Brasile - Misure sulle noci di cocco"*

L'ultimo caso ("Brasile - Misure sulle noci di cocco essiccate")[135] riguarda una controversia insorta tra Brasile e Filippine in merito all'imposizione di un dazio doganale compensativo. Il Brasile, al termine di un'indagine iniziata il 21 giugno 1994 su richiesta dei produttori nazionali, aveva rilevato l'esistenza di sussidi statali alla produzione di noci di cocco nelle Filippine[136] e aveva deciso, di conseguenza, con Ordinanza interministeriale dell'agosto '95[137], di imporre un dazio compensativo. Nel frattempo, il primo gennaio 1995, l'accordo WTO era entrato in vigore per entrambe le Parti.

Le Filippine, nel novembre dello stesso anno, presentarono al Brasile una richiesta di consultazione, ai sensi dell'art. XXIII:1 del GATT 1994[138]. Il Brasile replicò che era pronto a iniziare le consultazioni qualora fosse stato inteso che esse dovevano svolgersi esclusivamente sotto l'egida dell'Accordo del '79 relativo all'interpretazione e all'applicazione degli artt. VI, XVI e XXIII del GATT, altrimenti noto come "Codice SCM" del Tokyo Round (*Tokyo Round Subsidies and Countervailing Measures Code*), sulla base delle cui norme il Brasile aveva iniziato l'indagine sull'esistenza dei sussidi e imposto il dazio compensativo.

---

[135] *Brazil - Measures Affecting Desiccated Coconut* (la traduzione è nostra).

[136] Ma anche in Costa d'Avorio, Indonesia, Malaysia e Sri Lanka.

[137] Ordinanza interministeriale n. 11 del 18 agosto 1995.

[138] *Art. XXIII:1 - Protezione delle concessioni e dei vantaggi:* «Nel caso in cui una parte contraente considerasse che un vantaggio risultante per essa direttamente o indirettamente dal presente Accordo si trovi annullato o compromesso, o che la realizzazione di uno degli obiettivi dell'Accordo sia compromessa per il fatto: a) che un'altra parte contraente non adempie agli obblighi che essa ha assunto ai sensi del presente Accordo; b) o che un'altra parte contraente applica una misura, contraria o meno alle disposizioni del presente Accordo; c) o che esista qualsiasi altra situazione; tale parte contraente potrà, al fine di pervenire ad una soluzione soddisfacente della questione, fare rimostranze o proposte all'altra o alle altre parti contraenti che, a suo avviso, sarebbero in causa. Ogni parte contraente così sollecitata esaminerà con comprensione le rimostranze o proposte che le saranno state fatte» (la traduzione è quella inserita in VENTURINI, *L'accordo,* cit., p. 61).

Le Filippine, considerato il rifiuto opposto dal Brasile alla consultazione prevista dall'art. XXIII:1 del GATT 1994, il 17 gennaio 1996 adirono il DSB richiedendo l'istituzione di un Panel con mandato standard. Il Brasile, in una memoria fatta circolare tra i membri, sostenne però che il DSB non era il foro appropriato innanzi al quale discutere la questione, poiché il solo quadro normativo applicabile era quello del Codice SCM. Alla riunione del DSB del 31 gennaio fu deciso, col consenso delle Filippine, di posticipare la decisione alla riunione successiva. Ma già il 5 febbraio le Filippine chiesero nuovamente l'istituzione di un Panel, sempre con mandato standard. La loro richiesta fu appoggiata, alla riunione del 21 febbraio, dallo Sri Lanka e dall'Indonesia, che parlava a nome dei Paesi dell'ASEAN[139], mentre il Brasile dichiarò di considerare prematura l'istituzione di un Panel. Il DSB rinviò ancora la decisione, ma alla successiva riunione del 5 marzo il Panel fu istituito. Vista la richiesta in questo senso del Brasile, il DSB autorizzò il Presidente a predisporre il mandato in consultazione con le parti, ai sensi dell'art. 7.3 della DSU. Tale mandato speciale prevedeva, in aggiunta a quanto sarebbe stato normalmente previsto da un mandato standard -cioè «esaminare (la questione) alla luce delle rilevanti norme (di un dato accordo: in questo caso, GATT 1994 e Accordo sull'agricoltura) citate dalle Filippine (in un dato documento)»- che il Panel tenesse conto della memoria presentata dal Brasile e dei risultati della riunione del DSB del 21 febbraio.

Il Panel si insediò dunque il 16 aprile 1996[140]. Come terzi interessati, parteciparono alla procedura anche Canada, Comunità Europea, Indonesia, Sri Lanka e Stati Uniti.

Le Filippine lamentarono che le misure brasiliane fossero

---

[139] *Association of South East Asian Nations* fondata a Bangkok nel 1967. Vi partecipano Brunei, Filippine, Indonesia, Malaysia, Singapore, Thailandia e, da qualche tempo, anche Vietnam e Laos. L'associazione, con sede a Giacarta, ha come obiettivo principale lo sviluppo economico dei Paesi membri, da perseguirsi anche con politiche di mutua assistenza in campi di interesse comune.
[140] Con M. Abdel-Fattah, presidente; Z. Jung e J. Weiler, membri.

contrarie agli artt. I e II del GATT 1994 e non giustificabili ai sensi degli artt. VI:3 e VI:6 (a)[141] dello stesso Accordo, e chiesero al Panel di dichiarare la mancata revoca dell'Ordinanza e il mancato rimborso dei dazi già corrisposti contrari ai già citati artt. VI:3 e VI:6 (a). In subordine chiesero che le misure fossero dichiarate contrarie all'art. 13 dell'Accordo sull'agricoltura, lamentando, inoltre, la violazione dell'art. XXIII:1 del GATT 1994 e dell'art. 4, §§ 1, 2 e 3 della DSU, provocata dal rifiuto opposto dal Brasile alla richiesta di consultazioni.

Il Brasile sostenne invece che le uniche norme applicabili alla controversia fossero quelle del Codice SCM, con la conseguenza che il Panel non poteva occuparsi della loro eventuale violazione. In subordine, che le misure adottate fossero comunque dichiarate conformi all'art. VI del GATT 1994. Inoltre chiese che le lamentate violazioni dell'Accordo sull'agricoltura e degli artt. I, II e XXIII del GATT 1994 fossero dichiarate fuori dal mandato.

Il Canada, l'Indonesia, lo Sri Lanka e gli Stati Uniti sostennero, con diverse gradazioni, la posizione filippina, al contrario della Comunità europea che appoggiò le tesi brasiliane.

---

[141] *Art. VI - Dazi antidumping e dazi compensativi:* «(...) 3. Non sarà riscosso su un prodotto del territorio di una parte contraente importato nel territorio di un'altra parte contraente alcun dazio compensativo che oltrepassi il presumibile ammontare del premio o della sovvenzione che si sa essere stato accordato, direttamente o indirettamente alla fabbricazione, alla produzione o alla esportazione di tale prodotto nel Paese d'origine o d'esportazione, ivi compresa ogni sovvenzione speciale accordata per il trasporto di un prodotto determinato. Il termine «dazio compensativo» deve essere inteso come indicante un diritto speciale che si percepisce allo scopo di neutralizzare qualsiasi premio o sovvenzione accordato, direttamente o indirettamente, alla fabbricazione, alla produzione o all'esportazione di un prodotto. (...) 6. a) Nessuna parte contraente percepirà dazi *antidumping* o dazi compensativi all'importazione di un prodotto del territorio di un'altra parte contraente a meno che essa non stabilisca che l'effetto del *dumping* o della sovvenzione, secondo il caso, sia tale da causare o da minacciare un pregiudizio importante ad una produzione nazionale esistente, o tale da ritardare sensibilmente la creazione di un settore della produzione nazionale; (...)» (la traduzione è quella inserita in VENTURINI, *L'accordo,* cit., p. 45 e s.).

Il Panel concluse[142] che l'articolo VI del GATT 1994 non costituisse diritto applicabile alla controversia, in quanto non poteva essere considerato separatamente dall'Accordo SCM (succeduto al Codice SCM del Tokyo Round) nel quale una norma transitoria (l'art. 32.3)[143] rendeva applicabile l'accordo solo alle misure adottate sulla base di indagini iniziate dopo l'entrata in vigore dell'Accordo WTO. Per tale motivo, dunque, la questione relativa alle presunte violazioni degli artt. I e II del GATT 1994 non poteva essere affrontata. Parimenti non fu ritenuto applicabile l'Accordo sull'agricoltura, mentre venne considerato fuori dal mandato la questione relativa al lamentato rifiuto della procedura di consultazione.

Il 16 dicembre 1996 le Filippine notificarono la loro intenzione di ricorrere in appello costituendosi il 9 gennaio successivo. Anche il Brasile appellò la pronuncia, costituendosi il 14 gennaio. Alla procedura parteciparono, come terzi interessati, anche Comunità europea e Stati Uniti.

Secondo le Filippine, il Panel aveva commesso un errore nel concludere che l'art. VI del GATT non fosse applicabile separatamente dall'Accordo SCM in una situazione transitoria nella quale l'Accordo stesso non trovasse applicazione ai sensi dell'art. 32.3. E aveva errato anche nel collegare l'inapplicabilità dell'art. VI del GATT a quella degli artt. I e II del medesimo Accordo. Il Brasile invece ribadì l'opinione secondo la quale la questione relativa agli artt. I e II fosse fuori dal mandato del Panel.

Gli Stati Uniti chiesero al Corpo d'Appello di tener conto delle loro precedenti osservazioni, facendo presente che in ogni caso il Corpo d'Appello non avrebbe potuto applicare le norme del Codice SCM. La Comunità europea, invece, sostanzialmente

---

[142] Il Rapporto iniziò a circolare tra i membri del DSB il 17 ottobre 1996.

[143] *Art. 32.3 - Altre disposizioni finali:* «(...) le disposizioni del presente Accordo si applicano alle inchieste, nonché al riesame delle misure in vigore avviate a seguito di domande presentate alla data di entrata in vigore dell'Accordo WTO per un Membro, o successivamente» (la traduzione è quella inserita in *GUCE*, cit., p. 176).

concordò con le conclusioni cui era giunto il Panel.

Il Corpo d'Appello[144] affrontò anzitutto la questione dell'applicabilità separata dall'Accordo SCM dell'art. VI del GATT 1994, stabilendo che, vista la natura degli accordi WTO (sistema integrato), si dovesse considerare che l'art. 32.3 dell'Accordo SCM, interpretato avendo presente il suo contesto (artt. 10 e 32.1)[145], volesse riferirsi, con le parole «questo accordo», all'Accordo SCM *e* all'art. VI del GATT 1994, facendo chiaramente intendere che le norme applicabili ai dazi compensativi sono quelle contenute nella Parte V dell'Accordo SCM e nell'art. VI del GATT *prese nel loro insieme*, prevalendo in caso di conflitto le previsioni dell'Accordo SCM (conformemente a quanto previsto dalla nota interpretativa generale all'Allegato 1A dell'Accordo WTO). L'applicabilità di queste norme alle misure compensative adottate sulla base di indagini iniziate prima dell'entrata in vigore dell'accordo WTO deve quindi essere negata. Nonostante ciò, gli Stati non erano privati del loro diritto di azione, giacché, per effetto di alcune Decisioni delle Parti Contraenti del GATT e del Comitato SCM del Tokyo Round deroganti l'art. 70 della Convenzione di Vienna relativo all'estinzione dei trattati, sino al 31 dicembre 1995 il GATT 1947 ha continuato a coesistere con il sistema WTO, rendendo disponibile,

---

[144] La sezione che si occupò della questione era costituita da: S. El-Naggar, presidente; C.D. Ehlermann e J. Lacarte-Muró, membri. Il Rapporto (AB-1996-4), reso il 14 febbraio 1997, fu adottato dal DSB il 20 marzo dello stesso anno.

[145] *Art. 10 - Applicazione dell'art. VI del GATT 1994*[(..)] : «I Membri prendono tutte le misure necessarie per garantire che l'imposizione di un dazio compensativo[(..)] su qualsivoglia prodotto del territorio di un Membro, importato nel territorio di un altro Membro, sia conforme alle disposizioni dell'art. VI del GATT 1994 e ai termini del presente Accordo. Si potranno istituire dazi compensativi esclusivamente a seguito di inchieste aperte[(..)] e condotte conformemente alle disposizioni del presente Accordo e dell'Accordo sull'agricoltura» (la traduzione è quella inserita in *GUCE*, cit., p. 163);

Art. 32.1 - Altre disposizioni finali: «Contro una sovvenzione di un altro Membro non possono essere presi provvedimenti specifici che non siano conformi alle disposizioni del GATT 1994, come interpretato dal presente Accordo» (la traduzione è quella inserita in *GUCE*, cit., p. 175).

sino a quella data, la procedura di risoluzione delle controversie prevista dagli artt. VI e XXIII del GATT 1947, mentre sino al 31 dicembre 1996 sarebbe stato possibile, per i Paesi contraenti il Tokyo Round, ricorrere alle procedure previste dal Codice SCM. Inoltre, dopo un ragionevole periodo di tempo dall'imposizione definitiva delle misure, è possibile, per un membro WTO, ricorrere alla procedura di revisione prevista dall'art. 21.2 dell'Accordo SCM.

In conseguenza dell'inapplicabilità dell'art. VI, gli artt. I e II del GATT 1994 non costituivano diritto applicabile alla controversia, e risultò perciò superfluo indagare la questione dal punto di vista dell'attinenza al mandato.

Per le ragioni esposte il Corpo d'Appello confermò il rapporto del Panel e raccomandò al DSB di adottare una decisione conforme alle conclusioni raggiunte.

5. *Osservazioni generali sul concreto funzionamento della procedura*

Prima di affrontare, nel capitolo successivo, le principali questioni che il nuovo sistema di soluzione delle controversie impone al dibattito giuridico internazionale, ci sembra opportuno spendere alcune parole sugli aspetti concreti e, dovremmo dire, politici delle procedure in esame.

Alcuni autori, prima dell'entrata in vigore della DSU, avevano espresso la speranza che i nuovi meccanismi potessero assicurare al sistema una maggiore efficacia ed efficienza, anche al fine di tutelare meglio gli Stati meno forti sul piano del commercio internazionale[146], per i quali le misure di difesa unilaterali restano un'utopia. Si era poi sollevato il legittimo dubbio che un ricorso sistematico all'Appello, su ogni questione decisa dai Panel, avrebbe potuto "intasare" il sistema e diventare strumento di lotta politica e

---

[146] Si veda per esempio: LIGUSTRO, *Le controversie*, cit., p. 199 e ss.

commerciale[147]. Ulteriori perplessità sollevava l'incertezza sull'atteggiamento che il DSB avrebbe assunto di fronte ai rapporti dei Panel e del Corpo d'Appello.

Senza voler liquidare in poche righe questioni che potrebbero essere oggetto di studi autonomi approfonditi, non si può fare a meno di registrare che i primi risultati sono incoraggianti. Da un lato, tutti i rapporti sono stati prontamente adottati dal DSB. Dall'altro, i tempi delle procedure sono stati strettamente rispettati. Un certo spazio a motivazioni politiche è stato dato dal DSB solo nel caso delle noci di cocco, ove l'incertezza sul diritto applicabile alla controversia ha obiettivamente creato qualche problema. Per il resto, non sembra potersi rilevare un ricorso sistematico all'appello, come dimostrano per esempio i casi sulla benzina riformulata e sulla biancheria, nei quali il ricorso allo strumento è stato particolarmente moderato.

La partecipazione dei Paesi in via di sviluppo alle procedure appare inoltre considerevolmente aumentata, e questo non può non essere considerato un fatto positivo: su quattro casi affrontati in un anno, ben tre sono stati sollevati da Paesi in via di sviluppo[148], e in un caso (quello delle noci di cocco) la controversia riguardava esclusivamente Paesi in via di sviluppo: vista la rarità dell'avvenimento (solo due casi in cinquant'anni[149]), non si può non sottolinearne l'importanza. Significativo, anche, è il caso sulla biancheria, nel quale un Paese in via di sviluppo non appartenente,

---

[147] Di questo tenore le obiezioni sollevate da un largo numero di delegazioni nel corso dei negoziati dell'Uruguay Round. In proposito si veda: *GATT Act.* 1990, p. 49.

[148] Dopo un iniziale interesse per il sistema contenzioso (comunque, nove casi in dieci anni), dal '61 in poi i Paesi in via di sviluppo si astennero quasi in blocco dal ricorrervi, rimanendo praticamente esclusi dal sistema anche dal punto di vista passivo.

[149] *Pakistan* vs. *India, Restituzioni fiscali* (*BISD* 1948, vol. II, p. 12 e ss.) e *India* vs. *Pakistan, Diritti sulle esportazioni di iuta* (doc. C/SR.7 del 4 febbraio 1953 e IC/SR.9 del 13 febbraio 1953): unici casi di ricorso alle procedure contenziose nelle relazioni Sud-Sud, inseriti tra l'altro nel contesto del più generale conflitto seguito alla separazione tra India e Pakistan.

tra l'altro, al gruppo economicamente più avanzato della categoria - la Costa Rica[150]- ha ottenuto ragione su tutta la linea contro il colosso statunitense, quando altri Paesi avevano accettato, più o meno liberamente, di subirne la volontà[151].

Certamente non tutte le incertezze e i dubbi sono fugati, considerato anche come gli Stati Uniti abbiano subordinato la loro definitiva partecipazione al sistema alla valutazione politica delle pronunce degli organi di risoluzione delle controversie[152]. Tuttavia, la buona prova data fin ora dal sistema autorizza a guardare con ottimismo al futuro e consentirà di valutare con più serenità le proposte di riforma che saranno avanzate nel 2000[153].

---

[150] Altro caso simile è quello del Venezuela nella controversia sulla benzina riformulata. Almeno sino ad ora, la prassi contenziosa ha riguardato, per lo più, la parte economicamente più avanzata dei Paesi in via di sviluppo e cioè: Brasile, Argentina, Cile, Messico, Hong Kong, Corea del Sud e India. Del tutto esclusi, invece, i Paesi africani.

[151] Il dato è ancor più notevole se si tiene conto del fatto che gli Stati Uniti sono il principale partner commerciale della Costa Rica, con oltre il 40% dell'interscambio (*Enciclopedia Geografica,* cit., p. 304). Per quanto riguarda il riferimento ai Paesi che si sono invece accordati, si veda *supra* la nota 121.

[152] Una clausola della legge di ratifica degli Accordi WTO, secondo l'interpretazione datane dalle autorità amministrative, consentirebbe agli Stati Uniti di recedere dagli accordi nel caso in cui nei primi quattro anni di funzionamento del sistema contenzioso siano prese un certo numero di decisioni considerate contrarie all'interesse nazionale.

[153] È infatti prevista, dopo quattro anni di funzionamento del sistema, una revisione degli accordi.

CAPITOLO III.

LA NATURA ED IL RUOLO DEGLI ORGANI DI RISOLUZIONE DELLE CONTROVERSIE ALLA LUCE DELLE PRIME PRONUNCE DEL CORPO D'APPELLO

1. Questioni di competenza: mandato dei Panel e ricorso in appello

I limiti alla competenza[154] di un qualunque organo di soluzione di controversie, prescindendo dalla sua natura interna o internazionale, arbitrale, giudiziaria o anche solo conciliativa, dipendono essenzialmente da due fattori: il primo è la determinazione delle tipologie di controversie di cui l'organo si può occupare; il secondo (l'unico, in caso di organi costituiti *ad hoc* con compromesso) è il meccanismo attraverso il quale si giunge all'individuazione, in concreto, dell'oggetto di una data controversia, potendo l'organo pronunciarsi, normalmente, solo su quello[155].

Nel caso di organi internazionali, la determinazione delle tipologie di controversie rientranti nel loro ambito di competenza deriva necessariamente da una o più norme internazionali (consuetudini particolari, accordi, fonti previste da accordi), così come il meccanismo di individuazione dell'oggetto della controversia in causa. Meccanismo che si può ricondurre, essenzialmente, a due modelli principali: l'azione e il compromesso[156]. La differenza sostanziale sta nel fatto che con l'azione (*requête*) è una sola parte (con qualche temperamento, di

---

[154] «(Le) due espressioni: competenza e giurisdizione, (...) adoperate nel diritto interno con significati diversi (...), rispetto al processo internazionale si possono considerare come sinonimi». Così MORELLI, *Soluzione pacifica*, cit., p. 57.

[155] Espressione del c.d. *principio di corrispondenza tra il chiesto e il pronunciato*, altrimenti detto *di disponibilità dell'oggetto del processo*.

[156] Volendo indicare col termine sia la clausola compromissoria che il compromesso vero e proprio.

solito) a individuare l'oggetto della controversia e ad adire l'organo, sottoponendogli unilateralmente la questione[157], mentre nel compromesso sono tutte le parti in causa ad individuare l'oggetto del giudizio, adendo *insieme*, di comune accordo, un qualche organo per la soluzione della controversia.

Su questa differenza, la dottrina maggioritaria[158] ha tradizionalmente fondato la distinzione tra regolamento giudiziale e arbitrale nel diritto internazionale. Secondo altri autori[159], invece, la distinzione dovrebbe fondarsi -forse più correttamente- sulla possibilità data all'organo di discostarsi o meno dalla stretta applicazione del diritto. Avremo quindi arbitrato allorquando si tratti di una controversia non giuridica o quando l'organo possa comunque pronunciarsi *ex aequo et bono*, avremo invece regolamento giudiziale in caso di controversia giuridica da risolversi secondo diritto[160]. In entrambi i casi, comunque, la pronuncia prodotta dall'organo ha un valore vincolante per le Parti. Al contrario, le pronunce di un organo di conciliazione[161], anche quando si fondano

---

[157] Ciò, ovviamente, avviene sulla base di norme pattizie. In effetti, «vero è che, in tutte le ipotesi, il "giudizio" internazionale fra due parti in controversia riposa costantemente sul loro accordo»: così AGO, *Lezioni di diritto internazionale*, Milano, 1945, p. 27.

[158] Si veda: QUADRI, *Diritto internazionale pubblico*, Napoli, 1968, p. 246.

[159] Si veda: BATTAGLINI, *Azione e iter processuale nei giudizi internazionali*, in *Scritti in onore di Feliciano Benvenuti*, Venezia, 1996, p. 249 e ss.; LAUTERPACHT, *Aspects*, cit., p. 85 e ss.

[160] Tale appare la distinzione accolta, ad es., dalla Convenzione europea per la soluzione pacifica delle controversie. Sul punto si veda BATTAGLINI, *Azione*, cit., p. 251 e ss.

[161] «(...) la *conciliazione* (...) è la forma "diplomatica" più evoluta di soluzione delle controversie, quella che più si avvicina all'arbitrato. Le Commissioni di conciliazione, istituite (...) talvolta su base permanente e talvolta in modo occasionale, sono di solito composte da individui e non da Stati ed hanno il compito di esaminare la controversia (...). Il ricorso alla conciliazione è sempre più previsto come un succedaneo del (...) ricorso all'arbitrato (...). Sempre più spesso poi il ricorso alla conciliazione è previsto come *obbligatorio* con la conseguente possibilità, per uno degli Stati contraenti, di dare unilateralmente l'avvio alla procedura (...)»: così CONFORTI, *Diritto*, cit., p. 425.

sul diritto, sono delle semplici proposte di soluzione che le Parti sono libere di accettare o meno.

In ambito WTO, gli organi di soluzione delle controversie - Panel, Corpo d'Appello e DSB- appaiono molto diversi tra loro, rendendo necessario affrontare la questione della competenza per ciascuno di essi separatamente[162]. Tralasceremo invece, per il momento, il problema della loro natura giuridica (arbitrale, giudiziaria o conciliativa), che affronteremo una volta raccolti gli elementi necessari per esprimere un giudizio.

Del DSB ci occuperemo in realtà solo marginalmente, vista la sua chiara natura politica. Non possiamo però non ricordare come quest'organo abbia il potere di investire i Panel dell'esame delle controversie e di adottare, attribuendogli obbligatorietà, i rapporti sia dei Panel che del Corpo d'Appello. In realtà, però, su tali questioni il DSB conserva solo un potere negativo, una sorta di diritto di veto, esercitabile peraltro solo con decisione unanime. Cioè a dire: il DSB può, nonostante la richiesta in questo senso di una Parte, decidere di non costituire un Panel o, reso un rapporto, decidere di non adottarlo, ma la decisione deve essere presa all'unanimità. Tale meccanismo rende quindi, di fatto, automatica sia l'istituzione dei Panel che l'adozione dei rapporti. Alcuni autori[163] ritengono invero che solo il DSB, in effetti, sia un organo di risoluzione delle controversie, essendo Panel e Corpo d'Appello dei semplici strumenti tecnici ausiliari dell'organo stesso. Tale impostazione ci

---

[162] Ai fini di tale analisi dovremo, inevitabilmente, fare ricorso al linguaggio processualistico: per esigenze di semplificazione considereremo, almeno in questa fase (soprattutto in occasione delle citazioni dottrinarie) le parole "processo" e "sentenza", rispettivamente, sinonimi di "controversia" (o di "procedura", a seconda del contesto) e "rapporto". I riferimenti alle categorie processualistiche interne saranno effettuate con una certa cautela, vista la particolarità dell'ordinamento internazionale. Tuttavia, nel considerare tali riferimenti, si dovrà tener conto del fatto che alcuni principî processualistici sono universalmente riconosciuti.

[163] Si tratta di quella parte della dottrina più legata ad una visione "pragmatica" delle norme GATT. In proposito (anche per i necessari riferimenti bibliografici) si veda: LIGUSTRO, *Le controversie*, cit., p. 8 e ss.

appare però troppo legata a una visione nominalistica del sistema contenzioso in esame. Infatti, se si considera, oltre alla sua composizione (rappresentanti governativi degli oltre cento membri WTO), che il DSB non può in alcun modo procedere ad un esame diretto della controversia; che non può opporre un rifiuto alla richiesta di istituzione di un Panel se non all'unanimità e quindi col consenso della Parte istante; che non può impedire in alcun modo il ricorso al Corpo d'Appello; che non svolge alcuna funzione nella procedura di conciliazione eventualmente avvenuta innanzi ai Panel; che la sua unica scelta di fronte ai rapporti finali è quella di adottarli o respingerli in blocco, esclusa in ogni caso la possibilità di correzioni, risulta a nostro avviso alquanto azzardato considerare i Panel e il Corpo d'Appello meri organi consultivi. Volendo riconoscere al DSB la natura di organo di risoluzione delle controversie, quindi, si deve a maggior ragione riconoscere tale natura anche a Panel e Corpo d'Appello, il ricorso ai quali, in sostanza, non è subordinato ad altro che alla volontà della parte istante. Che poi il ruolo svolto dal DSB sia in prevalenza politico è un fatto riconosciuto dagli stessi sostenitori della tesi criticata[164]. Ciò non toglie però che gli atti (politici) del DSB possano avere importanti conseguenze giuridiche.

Detto questo, veniamo alla questione dei limiti alla competenza dei Panel, questione che analizzeremo, come anticipato, alla luce delle prime pronunce prodotte dal sistema[165].

Le controversie di cui questi organi possono occuparsi sono individuate dall'Accordo WTO, e in particolare dalla DSU. Come già indicato[166], esse devono essere relative a uno (o più) degli

---

[164] Si veda, ad esempio: COMBA, *Il neo liberismo,* cit., p. 266.

[165] Il testo delle pronunce (nell'originale inglese) è stato reperito in Internet, nel sito informativo allestito dalla WTO (indirizzo: http:/www.unicc.org/wto): essendo impossibile ricostruire una impaginazione uniforme (che varia a seconda delle capacità di stampa dell'utente Internet), nelle citazioni si farà riferimento esclusivamente alla numerazione dei paragrafi e non a quello delle pagine.

[166] Si veda *supra* Capitolo I, § 2, p. 12 e s.

accordi contemplati e possono riguardare qualunque normativa in vigore in uno dei Paesi membri. L'individuazione dell'oggetto della controversia è invece affidato alle Parti e specificamente, innanzi al Panel, alla Parte che ha avanzato la richiesta della sua istituzione. Sulla base di tale richiesta è infatti costruito il mandato: il Panel deve occuparsi delle questioni sollevate dalla Parte nella richiesta, sulla base delle norme rilevanti degli accordi citati in tale richiesta. Della problematica del diritto applicabile ci occuperemo successivamente, ma è qui necessario sottolineare come tale questione sia completamene distinta dal problema della competenza così come qui impostato.

Tornando al mandato (*Terms of Reference*), la sua funzione è ben illustrata in un passaggio del rapporto del Corpo d'Appello sul caso delle noci di cocco: «*il mandato di un Panel è importante per due ragioni. In primo luogo, risponde a un importante e doveroso obiettivo della procedura -dà alle Parti e ai terzi partecipanti sufficienti informazioni sulle questioni in controversia al fine di concedere loro l'opportunità di replicare agli argomenti della parte che ha sporto reclamo. In secondo luogo, **stabilisce la competenza** (jurisdiction) **del Panel** definendo con precisione le lamentele in questione nella controversia*»[167]. Cioè a dire: stabilisce l'oggetto della controversia, determinato, in particolare, «*dalle **specifiche** lamentele sollevate dalle parti in disputa nei documenti rilevanti indicati nel mandato*»[168]. Da quanto precede si può quindi dedurre

---

[167] *Brazil - Measures Affecting Desiccated Coconut, Report of the Appellate Body, AB-1996-4, § VI - Terms of Reference:* «A panel's terms of reference are important for two reasons. First, terms of reference fulfil an important due process objective - they give the parties and third parties sufficient information concerning the claims at issue in the dispute in order to allow them an opportunity to respond to the complainant's case. Second, they establish the jurisdiction of the panel by defining the precise claims at issue in the dispute» (la traduzione e il grassetto sono nostri).

[168] *Ibidem:* «We agree, furthermore, with the conclusions expressed by previous panels under the GATT 1947 (...) that the "matter" referred to a panel for consideration consists of the specific claims stated by the parties to the dispute in the relevant documents specified in the terms of reference» (la traduzione e il grassetto sono nostri).

che l'oggetto della controversia sia costituito da un lato dalla normativa del Paese membro messa in discussione e dall'altro dalla lamentata *specifica* violazione degli accordi.

Nel caso citato, il Brasile lamentava che non fosse di competenza del Panel la questione relativa alla violazione degli artt. I e II del GATT 1994, perché non nominati in alcun documento rilevante per la determinazione del mandato. Le Filippine replicarono che si trattava, comunque, di norme appartenenti a un accordo citato nel mandato e perciò rientranti nel mandato stesso.

Né il Panel né il Corpo d'Appello hanno affrontato nel merito la questione, ma sulla base dell'*obiter dictum* citato, si può azzardare una conclusione: le Filippine, in effetti, paiono confondere la questione relativa alla competenza (e quindi all'oggetto della controversia) con quella relativa al diritto applicabile[169]. Se è vero che, sulla base dell'art. 7.2 della DSU[170], il Panel può utilizzare qualunque «disposizione pertinente» di un accordo citato dalle Parti[171], non si può per questo concludere che il Panel possa occuparsi di qualunque violazione relativa a quel dato accordo: se una Parte lamenta, per esempio, la contrarietà di una certa normativa interna all'art. VI del GATT, il Panel potrà, per accertare quella violazione (questo è l'oggetto della controversia) analizzare - quantomeno- tutte le norme rilevanti del GATT. Mentre non potrà rilevare la violazione, ad esempio, dell'art. I, perché questione estranea all'oggetto della controversia così come individuato nel mandato. Per lo stesso motivo, non potrà essere dichiarata la contrarietà all'art. VI -per restare all'esempio- di una normativa

---

[169] Si veda il § II A, ultimo periodo del rapporto del Corpo d'Appello.
[170] *Art. 7 - Mandato dei Panel:*«(...) 2. I Panel analizzano le disposizioni pertinenti (...) degli accordi contemplati citati dalle Parti di una controversia. (...)» (la traduzione è quella inserita in *GUCE,* cit., p. 237).
[171] Se si debba intendere citato nel mandato o anche durante la procedura è questione che affronteremo nel prossimo paragrafo assieme alla più complessa problematica di quale sia esattamente il diritto applicabile alle controversie.

interna diversa da quella denunciata nel mandato[172].

Tali conclusioni appaiono giustificate anche sotto il profilo del rispetto del diritto alla difesa delle altre Parti. Oltretutto, da un punto di vista sistematico, se si ammette che l'oggetto della controversia sia qualcosa di "mobile", diventa difficile spiegare il senso di alcune disposizioni relative ai tempi della procedura e all'intervento dei terzi[173].

Da quanto esposto risulta comunque con chiarezza che le richieste avanzate dalle Parti innanzi a un Panel già costituito non rilevano in alcun modo ai fini della determinazione della sua competenza, funzione svolta esclusivamente dal mandato[174]. Mandato che, proprio per questo, deve essere strettamente rispettato, non potendo il Panel pronunciarsi *ultrapetita* o violare altrimenti i limiti alla sua competenza.

Una violazione del mandato è quindi certamente censurabile in appello, come in effetti è avvenuto, oltre che nel caso citato, nel caso degli alcolici, nel quale il Panel non aveva inserito nella gamma dei prodotti «direttamente competitivi» tutti quelli citati nel mandato. Tale fatto fu considerato un errore di diritto[175], rientrante,

---

[172] Si veda in proposito: *Japan - Taxes on Alcoholic Beverages, Report of the Panel, § 6.5:* «The Panel noted that no mention of the Japanese Taxation Special Measures Law is included in (vari documenti alla base del mandato). The Panel concluded that its terms of reference do not permit it to entertain the claim of the United States with respect to the Japanese Taxation Special Measures Law (...)». Sul punto, si veda anche *supra* la nota 106.

[173] Se l'oggetto della controversia può cambiare, a meno di non voler negare il diritto alla difesa, è necessario riconoscere il diritto delle parti a ottenere termini a difesa ed è necessario consentire l'intervento di terzi interessati anche dopo l'inizio della procedura. Nulla di tutto questo è invece previsto dalla DSU, le cui norme sulla tempistica e l'intervento dei terzi appaiono coerenti solo ammettendo la rigidità dell'oggetto della controversia, individuato, una volta per tutte, nel mandato.

[174] A suffragio di tale impostazione si veda il rapporto del Panel sul caso delle noci di cocco, nel quale si afferma che la lamentata violazione delle procedure di consultazione esorbitava il mandato (della violazione non è infatti fatta menzione nei documenti posti alla base del mandato allegati alla pronuncia).

[175] *Japan - Taxes on Alcoholic Beverages, Report of the Appellate Body, AB-1996-2, § I,c - Conclusions and Recommendations:* «the Panel *erred in law* in limiting its

come tale, nella competenza dell'organo d'appello. Il caso però è interessante in quanto qui il Corpo d'Appello sembra rilevare quasi *ex officio* la questione, mentre gli Stati Uniti avevano semplicemente lamentato, oltre alla contraddittorietà del rapporto sul punto, la mancata considerazione «dell'intera gamma di prodotti soggetti alla controversia», senza fare alcun esplicito riferimento al mandato[176]. Del fatto ci potremo comunque occupare meglio innanzi, una volta affrontata la questione dei limiti alla competenza del Corpo d'Appello.

 Prima però appare opportuno tentare di collocare sistematicamente la procedura innanzi ai Panel. Facciamo qui riferimento alla distinzione, cui abbiamo accennato, tra regolamento giudiziale e regolamento arbitrale, da un lato, e procedura di conciliazione (obbligatoria o meno), dall'altro. A tale fine, occorre ricordare come la procedura innanzi ai Panel preveda un tentativo obbligatorio di conciliazione che si concretizza nella redazione del rapporto interinale. Rapporto che, se approvato dalle Parti, si trasforma in un verbale di conciliazione. Poiché l'iniziativa per l'istituzione dell'organo può essere unilaterale, se la procedura si esaurisse qui, si potrebbe certamente dire di trovarsi di fronte ad una procedura di conciliazione obbligatoria[177].

 Esaurita senza esito questa fase, però, il Panel redige il suo rapporto finale, il quale diverrà vincolante se non respinto all'unanimità dal DSB. Ora, se è vero che per definire conciliativa una procedura è necessario che la soluzione proposta possa essere liberamente rifiutata da ciascuna Parte in causa[178], visto come,

---

conclusions in paragraph 7.1(ii) on "directly competitive or substitutable products" to "shochu, whisky, brandy, rum, gin, genever, and liquers", *which is not consistent with the Panel's Terms of Reference*» (il corsivo è nostro).

[176] Si veda il rapporto citato al § B, 2 e al § C, 2, *f - United States:* «(...) whether the Panel erred in failing to adress the full scope of products subject of this dispute» (la traduzione è nostra).

[177] Si veda *supra* la nota 161.

[178] Si veda, per tutti: CONFORTI, *Diritto,* cit., p. 425..

addirittura, tale potere sia affidato alla decisione unanime di un organo terzo (il DSB)[179] nel quale sono presenti i rappresentanti delle parti in causa, ci sembra di poter escludere che in questa fase ci si trovi di fronte ad una procedura conciliativa. Molti autori hanno infatti preferito utilizzare l'espressione "quasi-arbitrale", facendo riferimento al fatto che, comunque, il rapporto dei Panel non obbligherebbe le parti in causa se non in seguito alla valutazione del DSB[180]. Volendo utilizzare questa terminologia -per così dire- "di confine", appare però più corretta, comunque la si veda[181], l'espressione "quasi-giudiziale". Da un lato, infatti, l'individuazione dell'oggetto della controversia -salvo eccezioni[182]- è lasciato all'iniziativa autonoma di una Parte; dall'altro, sia la lamentela che la soluzione della controversia devono basarsi sul diritto[183].

Ciò vale, si badi bene, anche nelle fasi iniziali della procedura, nonostante gli esiti possano essere diversi. All'inizio infatti il Panel si limita ad essere un foro innanzi al quale le Parti possono incontrarsi sviluppando argomentazioni giuridiche a favore delle proprie ragioni. Nel caso in cui le Parti in causa raggiungano, in questa fase, un accordo, il Panel non dovrà far altro che prenderne atto. Se la procedura si concludesse qui, ci troveremmo di fronte a dei buoni uffici o, al massimo, ad una mediazione. Tale fase della procedura è però finalizzata alla realizzazione del rapporto interinale (si vedano i §§ 6 e 7 dell'art. 12 e l'art. 15.1 della DSU). Se sulla

---

[179] Il DSB è formato dai rappresentanti di tutti i membri WTO, perciò non solo è sufficiente che una delle parti in causa sia favorevole all'adozione del rapporto, ma addirittura potrebbe essere una terza Parte a renderlo obbligatorio, anche nel caso in cui, per ipotesi, le due parti in causa fossero d'accordo nel rigettarlo.

[180] Si veda, tra gli altri: COCCIA, *Il sistema,* cit., p. 98.

[181] Si fa riferimento alle due citate diverse concezioni dottrinarie sulla distinzione tra regolamenti giudiziali e regolamenti arbitrali. Per un approfondimento del tema, si veda, tra gli altri: ARANGIO RUIZ, *Arbitrato (Diritto internazionale pubblico),* in «Enciclopedia del Diritto» II (1958), p. 975 e ss.

[182] Costituite dai mandati speciali.

[183] Il fatto che la controversia sorga su basi giuridiche la caratterizza come giuridica. Si veda, per tutti: MORELLI, *Studi sul processo internazionale,* Milano, 1963, p. 10.

base del rapporto interinale è raggiunto un accordo tra le Parti, come detto, il rapporto si trasforma in verbale di conciliazione, altrimenti è redatto il rapporto finale che è, a ben vedere, l'esito normale (tipico) della procedura: tant'è che se il rapporto interinale non viene criticato diviene definitivo, non tramutandosi, come pur sarebbe stato possibile, in semplice verbale di conciliazione (DSU, art. 15.2). Considerato ciò, a nostro parere, si può ben affermare che *tutta* la procedura innanzi ai Panel abbia carattere giudiziale (o quasi-giudiziale) e che solo in caso di accordo tra le Parti o di successo del tentativo di conciliazione[184] si "trasformi" in procedura diplomatica.

Passando al Corpo d'Appello (per cui possono valere, *mutatis mutandis,* le considerazioni fatte più sopra), il suo compito è esaminare i ricorsi relativi ai casi sottoposti ai Panel (DSU, art. 17.1), ricorsi che devono limitarsi alle questioni e alle interpretazioni di diritto affrontate e sviluppate dai Panel stessi (DSU, art. 17.6). L'individuazione dell'oggetto della controversia, in appello, è quindi lasciata all'iniziativa delle Parti[185].

In analogia a quanto esposto in relazione alla competenza dei Panel, si potrebbe sostenere che anche in appello l'oggetto della controversia debba essere "rigido", cioè che, una volta individuato nel ricorso (o nei ricorsi), non possa più essere variato. È in effetti quanto risulta chiaramente da un passo del primo rapporto reso dal Corpo d'Appello[186] nel quale si affronta la questione della ammissibilità degli argomenti sollevati alla discussione orale da Venezuela e Brasile in relazione alla definizione dell'aria pulita come risorsa esauribile e alla applicabilità dell'Accordo sulle barriere tecniche al commercio (*Agreement on Technical Barriers to Trade* - Accordo TBT)[187]. I due Paesi sostennero, da un lato, che

---

[184] Anche nel diritto interno i giudici sono spesso tenuti a tentare una conciliazione tra le parti (si vedano per es. gli artt. 183, primo comma, e 185 c.p.c.): non per questo però cambia la natura giudiziaria dell'organo.

[185] Solo le Parti in controversia, e non i terzi interessati, possono proporre appello.

[186] Sul punto si veda: NOGUEIRA, *The First,* cit., p. 20 e ss.

[187] Sul primo punto il Panel si era pronunciato positivamente, sul secondo no,

l'aria pulita non poteva essere considerata risorsa naturale esauribile ai sensi dell'art. XX (g) del GATT, dall'altro che, nel caso in cui il ricorso statunitense fosse stato accolto, le misure avrebbero dovuto essere dichiarate contrarie all'Accordo TBT.

Nel passo che ci interessa è detto: *«gli argomenti sviluppati dal Venezuela e dal Brasile sulle questioni dell'aria pulita e dell'Accordo TBT potrebbero, in effetti, sembrare degli appelli condizionati (...) al rovesciamento da parte del Corpo d'Appello di tutte le conclusioni del Panel sull'art. XX (g) (...). Tale condizione non si è verificata. Ma anche se si fosse realizzata, il Corpo d'Appello sarebbe stato piuttosto riluttante a trattare queste due questioni. Osserviamo, anzitutto, che le questioni sollevate dall'Appellante, gli Stati Uniti, non sono del tipo di quelle che non possano essere decise senza necessariamente risolvere, al medesimo tempo, la questione dell'aria pulita o dell'applicabilità dell'Accordo TBT. In secondo luogo, per occuparsi di questi due problemi, nelle circostanze di questo ricorso, il Corpo d'Appello avrebbe dovuto disinvoltamente ignorare le sue Procedure di Lavoro e fare ciò in assenza di un'impellente ragione fondata, ad esempio, su un essenziale motivo di giustizia o su una causa di forza maggiore. Il Venezuela e il Brasile avrebbero dovuto appellare le conclusioni del Panel e le sue non-conclusioni sulle due materie, usufruendo delle Regole 23(1) o 23(4) delle Procedure di Lavoro, ponendo così il Corpo d'Appello nella posizione di occuparsi di tali questioni direttamente in un unico procedimento d'appello. (...) Riteniamo che la strada scelta per sollevare le due questioni in parola non sia contemplata dalle Procedure di Lavoro e che, perciò, tali questioni non siano propriamente oggetto di questo appello»*[188].

---

perché ritenuto superfluo dopo la constatazione della violazione dell'art. III del GATT 1994: si veda *supra* Capitolo II, § 1, p. 23 e ss., in particolare la nota 88.

[188] *United States - Standards for Reformulated and Conventional Gasoline, Report of the Appellate Body, AB-1996-1, § II,C - The Preliminary Question:* «The arguments raised by Venezuela and Brazil on the clean air and TBT issues may be seen to be, in effect, conditional appeals, that is, conditional on the Appellate Body's overturning the Panel's overall findings on Article XX(g) (...). This

Da quanto esposto, si può concludere che in appello trovi strettissima applicazione il principio della domanda[189], con la conseguenza che ogni capo della pronuncia[190] dei Panel può essere riesaminato solo se espressamente impugnato. Interessante, a questo proposito, un passo del rapporto del Corpo d'Appello sul caso degli alcolici dal quale si può inferire che siano appellabili, in particolare, solo le vere e proprie *decisioni* assunte dai Panel e non, genericamente, ogni loro dichiarazione[191]: gli Stati Uniti avevano regolarmente fatto appello contro quanto affermato nel rapporto del Panel, al § 6.20, in merito agli artt. III:2 e III:4 del GATT; il Corpo d'Appello, però, non affrontò la questione, giustificando -in nota- la propria scelta sottolineando come si trattasse di «*una affermazione*

---

condition is not fulfilled. Even if this condition had been fulfilled, the Appellate Body would have been most reluctant to pass upon these two issues. We observe, in the first place, that the issues in fact raised by the Appellant, the United States, are not of the kind which cannot be decided without at the same time necessarily resolving the clean air issue or the applicability of the *TBT Agreement*. In the second place, to deal with those two issues, under the circumstances of this appeal, would have required the Appellate Body casually to disregard its own *Working Procedures* and to do so in the absence of a compelling reason grounded on, for instance, fundamental fairness or *force majeure*. Venezuela and Brazil could have appealed the Panel's finding and non-finding on the two matters by taking advantage of Rules 23(1) or 23(4) of the *Working Procedures* and thereby placing the Appellate Body in a position to dispose of those issues directly in one and the same appellate proceeding. (...) We have no option, however, but to find that the route they chose for addressing the two issues in question is not contemplated by the *Working Procedures,* and therefore, these issues are not properly the subject of this appeal» (la traduzione è nostra).

[189] Si veda, per una definizione: LIEBMAN, *Manuale di diritto processuale civile - principî*, Milano, 1992, p. 135 e ss.

[190] L'espressione è da intendersi equivalente a quella di capo di sentenza (si veda *supra* la nota 162), la cui nozione è utile richiamare: «(capo) di sentenza è ogni decisione su un autonomo oggetto del processo (...)». Così LIEBMAN, *Manuale di diritto processuale civile - II*, Milano, 1984, p. 232.

[191] Su questa base, si può forse affermare che abbia valore, anche in tale contesto, la distinzione che la dottrina processualistica italiana opera tra capo di sentenza (impugnabile) e semplice punto di cognizione (non impugnabile). Si veda, per tutti: NIGRO, *Giustizia amministrativa*, Bologna, 1994, p. 338 e s.

meramente ipotetica»[192].

Comunque sia, anche alla luce di quest'ultima notazione, non sembra azzardato affermare che le conclusioni dei Panel non appellate divengano immutabili e quindi, almeno in un certo senso, "cosa giudicata", con tutti gli effetti che ne scaturiscono[193]. La distinzione che il Corpo d'Appello, incidentalmente, ha fatto tra questioni risolte e questioni non affrontate (*Panel's finding and non-finding*) permette però di dire che, molto probabilmente, sulle questioni non affrontate in primo grado non scenda propriamente il giudicato, quanto piuttosto una preclusione solo processuale, con la conseguenza della riproponibilità della questione in una nuova procedura (fatto salvo il possibile assorbimento, nel caso di specie, verificatosi)[194].

D'altra parte, prima di poter affermare la competenza del Corpo d'Appello sulle questioni non decise in primo grado

---

[192] *Japan - Taxes on Alcoholic Beverages, Report of the Appellate Body, AB-1996-2, § H,1,a - "Like Products", footnote 44:* «We note the argument on appeal that the Panel suggested in paragraph 6.20 of the Panel Report that the product coverage of Article III:2 is not identical to the coverage of Article III:4. That is not what the Panel said. The Panel said the following: *If the coverage of Article III:2 is identical to that of Article III:4* (...) (emphasis added). This was merely a hypothetical statement» (la traduzione è nostra).

[193] «Non potrà proporsi una nuova domanda, non potrà pronunciarsi una nuova sentenza sullo stesso oggetto, tra le stesse parti. L'essenza della cosa giudicata è proprio nell'immutabilità della sentenza, del suo contenuto e dei suoi effetti (...). È superfluo dire che la cosa giudicata non impedisce l'eventuale sopraggiungere di fatti nuovi, che possono naturalmente modificare la situazione fra le parti (...). Le parti possono infatti regolare i loro rapporti come meglio credono, anche in contrasto col giudicato, ma non possono pretendere che la questione venga nuovamente esaminata e decisa (...)». Così LIEBMAN, *Manuale II*, cit., p. 420. Sull'ammissibilità del concetto di cosa giudicata nell'ordinamento internazionale si veda: MORELLI, *La sentenza internazionale*, Padova, 1931, p. 213; *contra:* ANZILOTTI, *Corso di diritto internazionale*, Roma, 1928, vol. III, p. 144 e ss.

[194] Analogamente a quanto accade anche nel processo civile italiano. Si veda, per tutti: MANDRIOLI, *Corso*, cit., II vol., p. 383. Per un approfondimento, si veda: LASAGNO, *Premesse per uno studio sull'omissione di pronuncia*, in *Riv. dir. proc.*, 1990, p. 449 e ss.

regolarmente appellate, occorre considerare la possibilità dell'esistenza di un vero e proprio diritto delle parti a un doppio grado di giudizio. In quest'ottica, una questione considerata irrilevante in primo grado, e per questo non affrontata, che fosse invece ritenuta decisiva in appello, dovrebbe essere necessariamente rinviata per il primo giudizio a un Panel. Tale conclusione, però, alla luce di quanto esposto, non appare verosimile: il Corpo d'Appello - sempre nel caso sulla benzina- afferma chiaramente che, in presenza di regolare appello, avrebbe senz'altro esaminato -se necessario- anche le questioni non decise[195]. Nonostante questo, il rinvio in primo grado potrebbe rivelarsi necessario nel caso in cui la questione non decisa fosse una questione di fatto, o implicasse la soluzione di questioni di fatto[196]. Quale meccanismo verrà utilizzato per tale rinvio sarà la prassi a dircelo; le possibilità, comunque, sono essenzialmente due: o le Parti saranno lasciate libere (in un modo o nell'altro) di ricorrere nuovamente alla procedura o si affermerà la possibilità per il Corpo d'Appello di raccomandare che sulla questione si pronunci quello stesso Panel il cui rapporto era stato impugnato (l'adozione da parte del DSB di tale raccomandazione renderebbe poi automatica l'investitura del Panel).

Alla luce di quanto detto, ora è forse possibile prendere posizione riguardo al problema, cui abbiamo fatto cenno innanzi, della rilevabilità d'ufficio della violazione del mandato (sollevato in relazione al caso sugli alcolici). Il problema potrebbe in effetti essere puramente linguistico, ovvero il Corpo d'Appello potrebbe aver mal riportato gli argomenti statunitensi. La cosa, seppur possibile, appare quantomeno improbabile. Fino a prova contraria, quindi, bisogna ritenere che il Corpo d'Appello si sia consapevolmente distaccato dagli argomenti statunitensi. Argomenti, a dire il vero, alquanto generici. Generico non è stato invece il Corpo d'Appello, che addirittura, nello sviluppare le proprie argomentazioni, cita (alla nota

---

[195] Della questione si occupa anche NOGUEIRA, *The First,* cit., p. 20 e ss.
[196] Come si ricorderà, il Corpo d'Appello può occuparsi solo delle questioni di diritto.

56) il testo dei documenti alla base del mandato, dimostrando come, effettivamente, la gamma di prodotti in causa fosse più ampia di quella cui aveva fatto riferimento il Panel.

In mancanza di un pronunciamento esplicito, ci pare difficile sostenere la rilevabilità d'ufficio della questione. Probabilmente, il problema è risolvibile ammettendo che il Corpo d'Appello abbia, sul capo di sentenza[197] messo in discussione, una cognizione quasi piena. In particolare, il Corpo d'Appello non sarebbe vincolato ai motivi di lagnanza proposti dalle Parti. Cioè a dire, una volta messo in discussione un capo di sentenza, non importa sulla base di quali argomentazioni, il Corpo d'Appello sarebbe libero di modificarlo. L'unico limite sarebbe, naturalmente, l'impossibilità di affrontare questioni di fatto. Da ciò si potrebbe dedurre l'esistenza di un seppur limitato effetto devolutivo. Ma è forse troppo presto, ancora, per trarre sul punto conclusioni del tutto attendibili.

Per quanto riguarda invece le difficoltà che, secondo alcuni autori[198], la distinzione tra questioni di fatto e questioni di diritto avrebbe potuto creare, si può dire solamente che il problema non si è presentato in nessuno dei casi esaminati, lasciando, di conseguenza, poco spazio all'analisi della materia.

2. *Operatività del principio* iura novit Curia *in particolare in relazione al diritto internazionale generale*

Stabilito quale sia e come si determini la competenza di Panel e Corpo d'Appello, non resta ora che affrontare la questione relativa al diritto applicabile, risolta la quale sarà possibile definire con maggior precisione natura ed efficacia delle pronunce.

In proposito, le disposizioni pertinenti degli accordi WTO sono essenzialmente tre: l'art. XVI:1 dell'Accordo WTO[199] e, per

---

[197] Ricordiamo come il termine sia qui utilizzato in senso lato (si veda *supra* la nota 162).

[198] Si veda KOHONA, *Dispute Resolution,* cit., p. 40.

[199] *Art. XVI:1:* «Salvo diverse disposizioni (...), la WTO si attiene alle decisioni, alle

quanto riguarda la DSU, gli artt. 3 (§ 2)[200] e 7 (§§ 1 e 2)[201]. La prima norma opera un richiamo all'*acquis* del GATT 1947, fornendo alle nuove istituzioni «una vasta base di riferimento per l'attività di interpretazione del diritto connessa alle funzioni contenziose»[202]. La seconda attribuisce invece al sistema contenzioso il compito di chiarire le disposizioni degli accordi contemplati «*conformemente alle norme di interpretazione abituali del diritto pubblico internazionale*», mentre l'ultima dispone che i Panel debbano analizzare le questioni loro sottoposte alla luce delle disposizioni pertinenti degli accordi contemplati citati dalle parti.

Quest'ultima disposizione è quella che crea le maggiori perplessità, non essendo infatti del tutto chiaro se limiti o meno (per i Panel) l'operatività del principio *iura novit Curia*[203]. In proposito, occorre peraltro sottolineare come, a nostro avviso, non rientri in

---

procedure e alle prassi abituali seguite dalle Parti Contraenti del GATT 1947 e degli organi istituiti nel quadro del GATT 1947» (la traduzione è quella inserita in *GUCE*, cit., p. 8).

[200] *Art. 3 - Disposizioni generali:* «(...) 2. Il sistema di risoluzione delle controversie della WTO svolge un ruolo essenziale nell'assicurare certezza e prevedibilità al sistema commerciale multilaterale. I membri riconoscono che esso serve a tutelare i diritti e gli obblighi dei membri derivanti dagli accordi contemplati, nonché a chiarire le disposizioni attuali di tali accordi conformemente alle norme di interpretazione abituali del diritto pubblico internazionale. Le raccomandazioni e le decisioni del DSB non possono ampliare né ridurre i diritti e gli obblighi previsti dagli accordi contemplati. (...)» (la traduzione è quella inserita in *GUCE*, cit., p. 234 e s.).

[201] *Art. 7 - Mandato dei Panel:* «1. (...) i Panel hanno il seguente mandato: "Esaminare, alla luce delle disposizioni pertinenti contenute in [nome (...) degli accordi contemplati citati dalle parti della controversia], la questione sottoposta al DSB da [nome della parte] nel documento (...). 2. I Panel analizzano le disposizioni pertinenti (...) degli accordi contemplati citati dalle parti di una controversia. (...)» (la traduzione è quella inserita in *GUCE*, cit., p. 237).

[202] Così LIGUSTRO, *Le controversie*, cit., p. 507.

[203] Principio secondo il quale il giudice -in questo caso, il Panel o il Corpo d'Appello- è libero di applicare le norme di diritto che meglio ritiene adattabili al caso concreto, indipendentemente dalle allegazioni delle parti. Si veda, per tutti: MANDRIOLI, *Corso*, cit., vol. I, p. 87.

tale problematica la questione dell'individuazione della regola che si presume violata che, per i motivi più sopra illustrati[204], è -sempre a nostro parere- materia da inserire più correttamente nel contesto della questione relativa alla competenza[205]. Ci parrebbe infatti un errore considerare come oggetto della controversia (le «questioni sollevate dalle Parti») solo la normativa interna denunciata[206] e non - anche- la specifica violazione lamentata. Una tale impostazione[207], oltretutto, non terrebbe nel dovuto conto le argomentazioni sviluppate in proposito dal Corpo d'Appello. Da ciò si deduce quindi che la funzione (prevalente) della norma in questione non sia quella di limitare l'operatività del principio in questione ma quella di determinare l'ambito della controversia (e quindi la competenza del Panel).

Tale interpretazione è peraltro avallata dall'atteggiamento tenuto in proposito sia dai Panel che dal Corpo d'Appello in tutti i rapporti esaminati, nei quali il problema del diritto applicabile non è mai stato sollevato se non in relazione alla questione (molto particolare) della vigenza dell'Accordo SCM[208]. A riprova di ciò, si può citare il caso sulla biancheria, nel quale il Panel utilizza una disposizione di un accordo non citato dalle parti[209] per risolvere la questione della liceità della retroattività delle misure americane. Per inciso, tale norma è, nelle argomentazioni del Panel, decisiva. La Costa Rica, appellando sul punto il rapporto, lamentò la inapplicabilità della norma utilizzata in quanto non citata dalle parti

---

[204] Si veda *supra* § 1, p. 51 e ss.

[205] È peraltro innegabile che il meccanismo d'individuazione dell'oggetto della controversia possa influenzare -anche pesantemente- la libertà dell'organismo contenzioso nella scelta del diritto applicabile. Ciò non toglie che le due questioni debbano essere tenute ben distinte.

[206] Ovvero, più genericamente, il comportamento statuale messo in discussione.

[207] Cui pare aderire LIGUSTRO, in op. cit.

[208] Si veda *supra* Capitolo II, § 4, p. 40 e ss.

[209] Si tratta dell'art. X del GATT utilizzato per interpretare l'art. 6.10 dell'Accordo ATC: si vedano i §§ da 7.62 a 7.69 del Rapporto del Panel.

innanzi al Panel[210]. Il Corpo d'Appello, nell'analizzare la questione, non tenne invece conto dell'obiezione procedurale, dichiarando semplicemente che il Panel aveva errato nel considerare rilevante la norma in questione[211]. In ogni caso, occorre tenere presente che il problema riguarda, eventualmente, solo la procedura innanzi ai Panel e non quella condotta dal Corpo d'Appello.

Diversa è invece la questione relativa all'art. XVI:1 dell'Accordo WTO, nel quale è operato, come detto, un richiamo all'*acquis* del GATT 1947. Quale fosse esattamente l'ambito di tale richiamo era uno dei dubbi che si attendeva fossero risolti dalla prassi contenziosa; in particolare sollevava perplessità la funzione della pregressa "giurisprudenza" dei Panel[212]. Il Corpo d'Appello non ha in effetti deluso le aspettative, facendo, nel caso degli alcolici, alcune importanti considerazioni che pare utile riportare: «*L'art. XVI:1 dell'Accordo WTO (...) incorpora nella nuova realtà WTO la storia legale e l'esperienza del GATT 1947, in modo da assicurare continuità e coerenza al processo di transizione tra i due sistemi. Ciò conferma l'importanza che, per i membri WTO, riveste l'esperienza acquisita dalle PARTI CONTRAENTI del GATT 1947 -e riconosce la continua rilevanza di tale esperienza nel nuovo sistema del commercio servito dalla WTO. I rapporti dei Panel adottati sono una parte importante dell'*acquis del GATT. Sono spesso considerati dai Panel successivi. Creano legittime aspettative nei confronti dei membri WTO e, perciò, dovrebbero essere tenuti da conto qualora fossero rilevanti in qualche controversia. In ogni caso, non sono*

---

[210] *United States - Restrictions on Imports of Cotton and Man-made Fibre Underwear, AB-1996-3, Report of the Appellate Body, § II,1,b - Concerning Article X of the General Agreement:* «A procedural argument is also made by Costa Rica in noting that the parties to the present dispute had not raised the application of Article X before the Panel».

[211] Si veda: *Ibidem, § VI. - The Issue of Applicability of Article X:2 of the* General Agreement, *to a Transitional Safeguard Measure taken under Article 6.10, ATC.*

[212] Per un'analisi di tale "giurisprudenza" si vedano: HALLSTRÖM, *The GATT Panels and the Formation of International Trade Law,* Stockholm, 1994; LIGUSTRO, *Le controversie,* cit., p. 326 e ss.

vincolanti, se non rispetto a quella determinata controversia[(...)]. *In breve, con l'entrata in vigore dell'Accordo WTO, il loro carattere e il loro status legale non è cambiato»*[213]. Sono quindi da considerare parte dell'*acquis* del GATT anche i rapporti dei Panel. Nonostante questo non costituiscono però, in senso stretto, diritto applicabile alle controversie, quanto piuttosto degli strumenti interpretativi (non vincolanti). Tant'è che -nel caso della benzina riformulata- il Corpo d'Appello, pur non considerando necessario esaminare la questione visto l'unanime consenso in proposito, ha comunque ritenuto opportuno sottolineare come l'espressione utilizzata dal Panel -nel caso *Herring and Salmon*[214]- nell'interpretare l'art. XX(g) del GATT non fosse linguaggio dell'accordo[215].

Tutto ciò non può invece dirsi dei rapporti non adottati, la cui funzione appare piuttosto limitata: pur essendo lecito infatti che

---

[213] *Japan - Taxes on Alcoholic Beverages, Report of the Appellate Body, AB-1996-2, § E - Status of Adopted Panel Reports:* «(...) Article XVI:1 of the *WTO Agreement* (...) bring(s) the legal history and experience under the GATT 1947 into the new realm of the WTO in a way that ensures continuity and consistency in a smooth transition from the GATT 1947 system. This affirms the importance to the Members of the WTO of the experience acquired by the CONTRACTING PARTIES to the GATT 1947 -and acknowledges the continuing relevance of that experience to the new trading system served by the WTO. Adopted panel reports are an important part of the GATT *acquis*. They are often considered by subsequent panels. They create legitimate expectations among WTO Members, and, therefore, should be taken into account where they are relevant to any dispute. However, they are not binding except with respect to resolving the particular dispute between the parties to that dispute[(...)]. In short, their character and their legal status have not been changed by the coming into force of the *WTO Agreement*» (la traduzione è nostra).

[214] *Canada - Measures Affecting Exports of Unprocessed Herring and Salmon,* in *BISD* 35S/98, § 4.6 - adottato il 22 marzo 1988.

[215] Si veda *United States - Standards for Reformulated and Conventional Gasoline, Report of the Appellate Body, AB-1996-1, § III, B - "relating to the conservation of exhaustible resources":* «All the partecipants in this appeal accept the propriety and applicability of the view of the *Herring and Salmon* report and the Panel Report that a measure must be "primarily aimed at" the conservation of exhaustible natural resources in order to fall within the scope of Article XX(g)[(...)]. Accordingly, we see no need to examine this point further, save, perhaps, to note that the phrase "praimarily aimed at" is not itself treaty language (...)»».

«un Panel trovi utile guida nelle argomentazioni di un rapporto non adottato considerato rilevante»[216] esso non ha tuttavia *«alcun valore legale né nel sistema GATT né in quello WTO»*[217].

Per quanto riguarda invece i rapporti adottati (o non adottati) in ambito WTO dal DSB, non ci sembra azzardato assimilarli, almeno in una certa misura, a quelli resi sotto l'egida del GATT. Le parole del Corpo d'Appello sembrano infatti adattarsi bene ad entrambe le categorie. Tuttavia, ci sembra che, alla luce dell'art XVI:1, sia doveroso attribuire una certa preminenza ai Panel adottati in ambito GATT.

Ciò detto, non resta che affrontare il problema della applicabilità del diritto internazionale generale, iniziando dall'analisi del citato art. 3.2 della DSU, o meglio del richiamo fatto da questo articolo alle norme consuetudinarie del diritto internazionale relative all'interpretazione dei trattati. In proposito, vi sono autori che ne hanno criticato la vaghezza, affermandone la probabile inutilità: «se si ritiene che effettivamente esistano norme internazionali generali in materia di interpretazione (quali potrebbero invero essere quelle codificate negli artt. 31-33 della Convenzione di Vienna del 1969 sul diritto dei trattati), esse dovrebbero applicarsi in ogni caso (...). Se invece non esistono norme generali in materia, il richiamo cade nel vuoto»[218]. Altri autori hanno al contrario considerato il richiamo un importante segnale nel senso del distacco dall'approccio "pragmatico" prevalente nel sistema del GATT 1947[219], nel quale -di

---

[216] *Japan - Taxes on alcoholic beverages, Report of the Appellate Body, AB-1996-2, § E - Status of Adopted Panel Reports:* «(...) "a panel could nevertheless find useful guidance in the reasoning of an unadopted panel report that it considered to be relevant"» (la traduzione è nostra).

[217] *Ibidem:* «(...) we agree with the Panel's conclusion (...) that *unadopted* panel reports "have no legal status in the GATT or WTO system since they have not been endorsed through decisions by the CONTRACTING PARTIES to the GATT or WTO Members"» (la traduzione è nostra).

[218] Così COCCIA, *Il sistema*, cit., p. 96.

[219] Si vedano: KOHONA, *Dispute Resolution*, cit., p. 29; LIGUSTRO, *Le controversie*, cit., p. 509 e s.

solito- i Panel evitavano di richiamarsi al diritto internazionale generale[220].

Nel dibattito è poi intervenuto -concludendolo- il Corpo d'Appello, soprattutto nella sua prima pronuncia (sul caso della benzina riformulata), nella quale, anzitutto, è stato dato il giusto peso alla norma citata, considerata, significativamente: «*l'ammissione del fatto che l'*Accordo Generale *non può essere letto in clinico isolamento dal diritto internazionale pubblico*»[221].

L'*obiter dictum* è quanto mai importante, in quanto afferma inequivocabilmente l'ingresso del diritto internazionale generale -di tutto il diritto internazionale generale, non solo delle norme d'interpretazione- nel sistema WTO, rendendo quindi gli organi contenziosi WTO organi che applicheranno il diritto internazionale generale. Con ciò contribuendo certamente «ad accentuare il rigore e la coerenza della giurisprudenza dal punto di vista giuridico, riducendo entro margini fissati da regole più obiettive (...) lo spazio per l'adattamento del diritto alle esigenze del caso concreto», avvicinando quindi «l'attività contenziosa della WTO (...), dal punto di vista funzionale, ai metodi giurisdizionali di soluzione delle controversie»[222].

Nello specifico, il Corpo d'Appello ha ritenuto che in effetti esistessero delle norme consuetudinarie per l'interpretazione dei trattati e ha ritenuto alcune di esse codificate nella omonima Convenzione di Vienna del '69[223]. Per cominciare, nel caso della

---

[220] Si veda: VENTURINI, *L'accordo,* cit., p. 21.

[221] *United States - Standards for Reformulated and Conventional Gasoline, AB-1996-1, Report of the Appellate Body, § III,B - "relating to the conservation of exhaustible resources":* «(...) Article 3(2) of the *DSU* (...) reflects a measure of recognition that the *General Agreement* is not to be read in clinical isolation from public international law» (la traduzione e il grassetto sono nostri).

[222] Così LIGUSTRO, *Le controversie,* cit., p. 509 e s.

[223] In materia, la dottrina prevalente è molto cauta: è riconosciuta l'esistenza di due approcci all'interpretazione dei trattati, il primo subiettivistico, l'altro obiettivistico. Si riconosce, peraltro, che la *tendenza prevalente* sia per il secondo. Quest'ultimo è anche l'approccio codificato nella Convenzione di Vienna, le cui norme sono considerate in larga parte riproduttive del diritto consuetudinario. Tuttavia in essa

benzina riformulata, il Corpo d'Appello ha affermato, conformemente all'opinione maggioritaria, che l'art. 31.1[224] «(...) *(avesse) raggiunto lo* status *di norma di diritto internazionale generale o consuetudinario»*[225]. Nel successivo caso sulle bevande alcoliche, poi, il Corpo d'Appello mostra di considerare anche il resto dell'art. 31 come espressione del diritto internazionale generale, riferendosi in particolare al § 3(b), norma sulla cui natura consuetudinaria -per inciso- parte della dottrina non concorda[226]. Nel medesimo rapporto (confermando quanto affermato in proposito dal Panel al § 6.8) è riconosciuta identica natura anche all'art. 32[227]: *«Non può esserci dubbio sul fatto che l'art. 32 della Convenzione di Vienna, relativo ai mezzi supplementari di interpretazione, abbia*

---

non mancano norme di carattere innovativo ed originale, sulla concreta individuazione delle quali non v'è, in dottrina, uniformità di vedute. Sul punto si veda: CONFORTI, *Diritto,* cit., p. 64 e s.

[224] A suffragio di tale opinione si vedano, nella prassi: *Territorial Dispute Case (Lybian Arab Jamahiriya v. Chad),* I.C.J., Reports 1994, p. 6 e ss. (Corte Internazionale di Giustizia); in dottrina: OPPENHEIM, *International Law,* London - New York -Toronto, 1992, vol. I, p. 1271 e ss.; VILLIGER, *Customary International Law and Treaties,* Dordrecht, 1985, p. 342. *Contra:* SCHWARZENBERGER, *International Law as Applied by International Courts and Tribunals,* 4 vol., London, 1957-1986. Per il testo della norma, si veda *supra* la nota 96.

[225] *United States - Standards for Reformulated and Conventional Gasoline, AB-1996-1, Report of the Appellate Body, § III,B - "relating to the conservation of exhaustible resources":* «(...) the Panel there overlooked a fundamental rule of treaty interpretation. This rule has received its most authoritative and succinct expression in the (...) *"Vienna Convention"* (...) ARTICLE 31.1 (...). That general rule of interpretation has attained the status of a rule of customary or general international law» (la traduzione è nostra).

[226] Si veda, per tutti: YASSEEN, *L'interprétation des traités d'après la Convention de Vienne sur le droit des traités,* in *RC,* 1976, III, p. 1 e ss., in particolare il § 24.

[227] Dello stesso parere, in dottrina: VILLIGER, *Customary International Law,* cit., p. 345 e s.; JIMÉNEZ DE ARÉCHAGA, *International Law in the Past Third of a Century,* in *RC,* 1978, I, p. 1 e ss. Nella prassi: *Maritime Delimitation and Territorial Questions (Qatar v. Barhrain),* I.C.J., Reports 1995, p. 6 e ss. (Corte Internazionale di Giustizia). Per il testo della norma, si veda *supra* la nota 108.

raggiunto l'identico status *(dell'art. 31)»*[228]. Simili affermazioni si trovano poi, nel rapporto sul caso delle noci di cocco, in relazione agli artt. 28 e 70 (rispettivamente: sulla irretroattività dei trattati e sulle conseguenze dell'estinzione di un trattato)[229]. Nel caso degli alcolici, ancora, il Panel è arrivato addirittura ad affermare, sulla base della precedente pronuncia del Corpo d'Appello (quella sulla benzina riformulata) che *«(...) le "regole consuetudinarie di interpretazione del diritto internazionale pubblico" sono quelle inserite nella Convenzione di Vienna»*[230], senza altre specificazioni.

Il fatto interessante è che le Parti in causa (ma anche i terzi interessati) non hanno in alcun modo contestato tali affermazioni, appellandosi spesso, anzi, nelle loro argomentazioni, alle più disparate norme della Convenzione di Vienna[231], come se in tale testo fosse effettivamente racchiuso, come affermato dal Panel appena citato, *tutto* il diritto consuetudinario in materia di interpretazione dei trattati.

Il Corpo d'Appello non si è invece limitato ad utilizzare le norme codificate nella Convenzione, ricorrendo -correttamente- anche a principî generali d'interpretazione quale il principio di effettività (*ut res magis valeat quam pereat*): *«uno dei corollari*

---

[228] *Japan - Taxes on Alcoholic Beverages, AB-1996-2, Report of the Appellate Body, § D - Treaty Interpretation:* «We stressed there that this general rule of interpretation (Article 31) "has attained the status of a rule of customary or general international law"[(...)]. There can be no doubt that Article 32 of the *Vienna Convention,* dealing with the role of supplementary means of interpretation, has also attained the same status» (la traduzione è nostra).

[229] Si vedano i §§ III,D e III,E,3.

[230] *Japan - Taxes on Alcoholic Beverages, Report of the Panel, § 6.7:* «The Panel noted that the "customary rules of interpretation of public international law" are those incorporated in the Vienna Convention on the Law of Treaties (...)» (la traduzione è nostra).

[231] Si vedano per esempio i §§ da 37 a 41 del Rapporto del Panel sul caso delle noci di cocco, nel quale Brasile e Filippine si appellano agli artt. 18, 26, 30.3 come espressione di norme consuetudinarie. Oppure i §§ 203 e 212, nei quali, rispettivamente, Comunità europea e Stati Uniti riconoscono valore consuetudinario all'art. 28.

(dell'art. 31 della Convenzione di Vienna) è che l'interpretazione deve dare senso ed efficacia a tutti i termini di un trattato. L'interprete non può adottare una lettura che riduca una clausola o un paragrafo di un trattato alla ridondanza o all'inutilità»[232].

Al di là dell'importanza che potrebbero rivestire tali opinioni del Corpo d'Appello in relazione alla individuazione delle norme consuetudinarie di interpretazione dei trattati, le affermazioni dell'organo sono importanti soprattutto perché confermano l'applicabilità del diritto internazionale generale per la risoluzione delle controversie in ambito WTO.

Alla luce di queste ultime considerazioni e di quelle fatte più innanzi, si può quindi concludere che il principio *iura novit Curia* abbia un'operatività quasi piena sia nei confronti dei Panel che del Corpo d'Appello. Tali organi sono infatti liberi di applicare alla controversia qualunque disposizione degli accordi contemplati ritengano rilevante nonché qualunque norma di diritto internazionale generale. Sembrano invece esclusi -salvo diversa indicazione del mandato- tutti gli accordi non contemplati che fossero eventualmente in vigore tra le Parti. Di ciò è prova evidente il fatto che la Convenzione di Vienna ha trovato applicazione nella soluzione delle controversie in quanto espressione di norme consuetudinarie e non, come avrebbe potuto, nella sua qualità di trattato internazionale[233]. Le disposizioni degli accordi contemplati vanno poi interpretate, oltre che sulla base delle norme consuetudinarie, alla luce delle precedenti pronunce dei Panel

---

[232] *United States - Standards for Reformulated and Conventional Gasoline, AB-1996-1, Report of the Appellate Body, § IV - The Introductory Provisions of Article XX (...)*: «One of the corollaries of the "general rule of interpretation" in the Vienna Convention is that interpretation must give meaning and effect to all the terms of the treaty. An interpreter is not free to adopt a reading that would result in reducing whole clauses or paragraphs of a treaty to redundancy or inutility» (la traduzione è nostra). Il passo è ripreso anche nel § D del rapporto del Corpo d'Appello sul caso degli alcolici.
[233] La Convenzione non è infatti altro che un trattato internazionale, vincolante, come tale, tutti suoi contraenti (si tratta, ormai, della quasi totalità degli Stati).

adottate dalle PARTI CONTRAENTI del GATT 1947, che non costituiscono però parte del contesto degli accordi come «pratica ulteriormente seguita» ai sensi dell'art. 31.3(b) della Convenzione di Vienna, bensì, più semplicemente (come detto): «una parte importante dell'*acquis* del GATT»[234].

Panel e Corpo d'Appello restano comunque liberi di rifarsi, nelle loro argomentazioni, anche ad altre pronunce o sentenze internazionali. In particolare, a quanto risulta dall'esame dei rapporti esaminati, oltre alle sentenze delle più importanti Corti internazionali, sono spesso citate le pronunce del Corpo d'Appello. La cosa è naturale: vista la sua natura di organismo permanente di ultimo grado, le sue pronunce esercitano *de facto* una grande influenza sia sui Panel che sullo stesso Corpo d'Appello (che, ricordiamo, non decide mai in seduta plenaria). Il Corpo d'Appello svolge insomma, in ambito WTO, quella funzione di nomofilachia che, negli ordinamenti interni nei quali non vige lo *stare decisis*, svolgono le Corti Supreme. È, per inciso, esattamente il compito che la DSU assegna, nell'art. 3.2[235], al sistema di risoluzione delle controversie nel suo insieme. Compito che, per forza di cose, il Corpo d'Appello svolge con particolare autorevolezza.

3. La natura e l'efficacia delle pronunce: sentenze internazionali?

Una volta stabiliti la competenza e il diritto applicato dagli organi contenziosi WTO è finalmente possibile valutare con una qualche attendibilità le loro pronunce, dando quindi un fondamento più solido alle considerazioni fatte nel primo paragrafo di questo

---

[234] Nel caso delle bevande alcoliche, il Panel aveva affermato appunto che i Panel adottati dalle PARTI CONTRAENTI del GATT 1947 e dal DSB fossero una «pratica ulteriormente seguita» ai sensi dell'art. 31 della Convenzione di Vienna, dovendo quindi essere considerati congiuntamente al contesto delle norme in esame. Il Corpo d'Appello ha però negato tale natura, affermando quanto più sopra riportato in merito all'art. XVI:1 dell'Accordo WTO. Sulla questione si veda comunque il rapporto del Corpo d'Appello al § E.

[235] Si veda *supra* la nota 200.

capitolo in merito alla natura quasi-giudiziale delle procedure che fanno capo ai Panel e al Corpo d'Appello.

A tal fine, il primo aspetto da prendere in considerazione è la struttura logico-redazionale delle pronunce che peraltro già nel sistema previgente aveva fatto rilevare delle analogie con le sentenze giudiziali o arbitrali[236]. Bisogna infatti registrare, nei casi esaminati, un costante utilizzo del c.d. sillogismo giuridico[237], inserito in una struttura redazionale pressoché costante.

Le pronunce dei Panel appaiono naturalmente più varie nella loro struttura, ma si articolano, in genere, in sette sezioni logiche: un'introduzione, nella quale si dà conto delle circostanze che hanno portato all'istituzione del Panel; l'esposizione dei fatti; la presentazione delle richieste delle Parti e dei terzi partecipanti; l'esposizione degli argomenti delle Parti; l'esito della fase interinale; le argomentazioni del Panel[238]; le conclusioni e le raccomandazioni.

Le pronunce del Corpo d'Appello sono invece più uniformi ma, tutto sommato, meno di quanto ci si sarebbe aspettati[239]. La struttura, comunque, si articola -salvo differenze "grafiche"- in cinque sezioni: un'introduzione, nella quale, oltre a citare gli atti procedurali che hanno portato all'appello, si dà conto, brevemente, degli aspetti fattuali del caso e delle conclusioni cui è giunto il Panel; un'esposizione degli argomenti delle Parti in causa e dei terzi partecipanti; la individuazione delle questioni sollevate nell'appello[240]; l'esame giuridico delle differenti questioni (con

---

[236] Si veda PLANK, *An Unofficial Description of How a GATT Panel Works and Does Not*, in *J. Int'l Arb.* 1987, p. 53 e ss.

[237] Nel quale la premessa maggiore sarebbe il c.d. giudizio di diritto; la premessa minore il giudizio di fatto. La sintesi sarebbe, appunto, la decisione. Si veda, per tutti: MANDRIOLI, *Corso,* cit., p. 79 e ss.

[238] È in questa sezione che si sviluppa, normalmente, il sillogismo giuridico.

[239] Non appaiono uniformi né i titoli dei paragrafi "ricorrenti", né l'indicazione grafica degli stessi (lettere e numeri romani in differenti gerarchie). Le differenze sono certamente superficiali ma sono un segno della diversa composizione delle "sezioni" che si occupano dei casi.

[240] Si tratta di un operazione niente affatto "neutra" che presuppone una valutazione

precedenza per quelle preliminari); le conclusioni e le raccomandazioni.

Lo stile redazionale dei rapporti risente ovviamente degli orientamenti dei redattori e le differenze tra le varie pronunce sono in alcuni casi notevoli (soprattutto tra i Panel). Tuttavia, per quanto riguarda il Corpo d'Appello, nonostante le differenze che pur sussistono, ci pare traspaia il tentativo dei redattori[241] di creare (o contribuire a creare) uno stile proprio dell'organo, così come normalmente accade in ogni organismo giuridico permanente (dalle Corti di Cassazione alle varie Corti Internazionali).

Sintomo di ciò è che le diverse sezioni del Corpo d'Appello fanno costantemente riferimento all'organo unitario, ignorando il fatto che a pronunciarsi siano solo tre dei suoi membri. Il pronome costantemente utilizzato è infatti il "noi", anche nel caso in cui si faccia riferimento alle precedenti pronunce. Esemplare, a questo proposito, un passo del rapporto del Corpo d'Appello sul caso degli alcolici: *«(Nel precedente rapporto)* (noi) *abbiamo sottolineato la necessità di riferirci (per chiarire le disposizioni del GATT e degli altri accordi contemplati) alla fondamentale regola d'interpretazione esplicitata nell'art. 31.1 della Convenzione di Vienna.* (Noi) *abbiamo sottolineato come questa regola generale di interpretazione "abbia raggiunto lo* status *di norma consuetudinaria". (...)»*[242].

---

dei ricorsi delle Parti.

[241] Non esiste una norma che affidi la redazione del rapporto ad un membro piuttosto che a un altro; non è dato quindi sapere chi sia stato, materialmente, autore del "testo base" delle pronunce. Tuttavia è verosimile pensare -conformemente all'uso degli organismi contenziosi non solo internazionali- che il compito sia affidato di volta in volta ad uno dei membri, la cui origine e formazione non può non influire sullo stile redazionale.

[242] *Japan - Taxes on Alcoholic Beverages, AB-1996-2, Report of the Appellate Body, § D - Treaty Interpretation:* «(...) in *United States - Standard for Reformulated and Conventional Gasoline,*(...) we stressed the need to achieve such clarification by reference to the fundamental rule of treaty interpretation set out in Article 31(1) of the *Vienna Convention.* We stressed there that this general rule of interpretation "has attained the status of a rule of customary or general international

Il dato ha però anche una forte valenza politico-giuridica. Il fatto che le diverse sezioni (*divisions*) si considerassero -*tout court*- "il Corpo d'Appello" non era infatti per nulla scontato e può anzi essere registrato come una lettura evolutiva degli accordi: nonostante la divisione in sezioni infatti, la responsabilità dei rapporti è assunta dall'organo nel suo complesso come se si pronunciasse costantemente in "udienza plenaria"[243]. E ciò non può che contribuire ad aumentare l'autorevolezza dell'organismo, soprattutto nella sua essenziale funzione di nomofilachia[244]. Funzione della quale, tra l'altro, il Corpo d'Appello sembra essere pienamente consapevole, tanto da riferire le disposizioni del più sopra citato art. 3.2 della DSU direttamente a se stesso: «*L'art. 3.2 della DSU indica al Corpo d'Appello di chiarire le norme del GATT 1994 e degli altri "accordi contemplati" dell'Accordo WTO "conformemente alle regole consuetudinarie di interpretazione del diritto internazionale pubblico"*»[245]. Qui, certamente, il Corpo d'Appello intendeva sottolineare più la necessità dell'utilizzo delle norme consuetudinarie d'interpretazione che altro, ma resta il fatto che attribuisce (anche) a se stesso il compito affidato dalla lettera dell'art. 3.2 al sistema contenzioso nel suo insieme.

L'autorevolezza delle pronunce sembra comunque riconosciuta soprattutto dalla prassi: i Panel, sin dal caso degli alcolici, sembrano tenere molto in considerazione le pronunce del

---

law"[(...)]. (...)» (la traduzione è nostra).

[243] L'art. 17 della DSU prevede che il Corpo d'Appello si pronunci in sezioni di tre membri (su sette), la cui rotazione avrebbe dovuto essere fissata dalle "Procedure di Lavoro". Come rilevato (si veda *supra* la nota 65), il Corpo d'Appello ha evitato di stabilire delle regole precise, stabilendo anzi una prassi che rafforza la collegialità delle pronunce (si veda *supra* Capitolo I, § 2, p. 17 e s.).

[244] Si veda *supra* § 2, p. 72.

[245] *Japan - Taxes on Alcoholic Beverages, AB-1996-2, Report of the Appellate Body, § D - Treaty Interpretation:* «Article 3.2 of the *DSU* directs the Appellate Body to clarify the provisions of GATT 1994 and the other "covered agreement" of the *WTO Agreement* "in accordance with customary rules of interpretation of public international law"» (la traduzione è nostra).

Corpo d'Appello, che vengono più volte citate a suffragio delle loro argomentazioni. Importante rilevare, per esempio, come si siano da subito uniformati all'ingresso nel sistema WTO delle norme interpretative del diritto internazionale generale sancito dal Corpo d'Appello nel suo primo rapporto.

Allo stesso modo, si rifà alle sue precedenti pronunce anche il Corpo d'Appello stesso, che però sembra porle sullo stesso piano di decisioni quali quelle della Corte Internazionale di Giustizia o della Corte Europea per i Diritti Umani o della omologa Corte Americana[246], e quindi in un contesto di livello certamente superiore a quello nel quale sembrano utilizzarle i Panel, che le citano, in genere, contestualmente alle pronunce dei Panel precedenti.

Il dato potrebbe far supporre che il Corpo d'Appello consideri le proprie pronunce alla stregua di sentenze internazionali o che, quanto meno, riconosca loro un ruolo analogo a quello riservato alle decisioni giudiziarie dall'art. 38.1 dello Statuto della Corte Internazionale di Giustizia[247], considerato, in materia di fonti del diritto internazionale, sostanzialmente l'espressione della consuetudine[248]. La norma in questione considera infatti le decisioni giudiziarie «mezzi sussidiari per la determinazione delle norme giuridiche», al pari della «dottrina degli autori più qualificati della varie nazioni». Dottrina che il Corpo d'Appello cita abbondantemente proprio insieme alle pronunce delle principali Corti internazionali. In effetti sembra proprio questo il ruolo che esso riserva anche ai propri rapporti. Tuttavia, il fatto che anche alle pronunce dei Panel non adottate sia riservato un ruolo simile[249] non

---

[246] Si veda per esempio il § D del rapporto del Corpo d'Appello sugli alcolici, nel quale la precedente pronuncia è citata nel testo mentre la prassi delle corti internazionali e la dottrina sono riferite in nota.

[247] Si veda *supra* la nota 71.

[248] Qualche dubbio sussiste solo in relazione ai principî generali di diritto. Si veda, per tutti: CONFORTI, *Diritto,* cit., p. 42 e ss.

[249] Si veda per esempio la nota 37 del rapporto del Corpo d'Appello sul caso della benzina. Il valore riconosciuto a questi rapporti è certamente inferiore di quello attribuito ai rapporti adottati o alle pronunce del Corpo d'Appello, tuttavia il ruolo è

consente, a nostro avviso, almeno su tali basi, l'assimilazione tra pronunce del Corpo d'Appello e sentenze internazionali.

Ciononostante, il problema ci appare attuale: ad una prima analisi, abbiamo infatti potuto definire come *quasi-giudiziale* (preferendo tale formula a quella forse più utilizzata di *quasi-arbitrale*) la procedura innanzi ai Panel e, per analogia, anche quella innanzi al Corpo d'Appello. Si è infatti escluso che le procedure in esame possano essere completamente ricondotte alla categoria diplomatica della conciliazione, per via del fatto che le Parti in controversia non sono *libere* di rigettare unilateralmente la soluzione proposta. Tuttavia, si è detto, il fatto che l'obbligatorietà dei rapporti sia condizionata alla decisione di un organo politico (il DSB) non consente ancora di definire semplicemente giudiziali (o arbitrali) le procedure[250].

Ci sembra però che prima di abbandonare le categorie tipiche del diritto internazionale, riconoscendo l'esistenza di un *tertium genus* di metodi di soluzione delle controversie a mezza via tra quelli arbitrali-giudiziali e quelli diplomatici, sia indispensabile escludere che le procedure in esame possano essere ricondotte nell'alveo tradizionale.

Verificheremo dunque, anzitutto, se le procedure in questione non possano, alla fine, essere ricondotte alla categoria della conciliazione internazionale. Procedura che possiamo definire, utilizzando le parole delle "Disposizioni sulla procedura di conciliazione internazionale" (*Regulations on the Procedure of International Conciliation*) approvate dall'Istituto di Diritto Internazionale nel 1961, come «un metodo per la soluzione delle

---

sempre quello di supportare le argomentazioni sviluppate.

[250] Anche i più recenti studi, infatti, definiscono le procedure dei Panel «an hybrid between conciliation and a sort of arbitration». Così BARONCINI, *The WTO Dispute Settlement Understanding as a Promoter of Trasparent, Rule-Oriented, Mutually Agreed Solutions,* in MENGOZZI, *International Trade Law on the 50th Anniversary of the Multilateral Trade System,* Milano, 1998, in corso di pubblicazione.

controversie internazionali (...) secondo il quale una Commissione costituita dalle Parti su base permanente o *ad hoc* (...), procede ad un esame imparziale della controversia e tenta di definire i termini di una soluzione *suscettibile di essere accettata dalle Parti* o di offrire loro quell'aiuto che possono aver chiesto allo scopo di trovare un accordo»[251].

Si tratta quindi di una procedura che ha lo scopo di cercare di avvicinare le Parti e di facilitarne l'accordo. Nel caso in cui tale accordo non sia raggiunto durante la procedura, la Commissione redige normalmente un rapporto finale nel quale è indicato quali dovrebbero essere i termini della soluzione della lite. Tale rapporto non è vincolante, ma rappresenta esso stesso uno strumento utile alla conciliazione delle Parti, le quali, di comune accordo, possono accettarlo come soluzione della controversia[252].

A tale schema si può certamente ricondurre la procedura dei Panel del GATT 1947[253]: in concreto, infatti, solo un accordo tra le Parti poteva rendere vincolante il rapporto[254]. Per quanto riguarda la WTO, invece, l'inversione della regola del *consensus* impedisce alle varie Parti in controversia di rifiutare i rapporti: solo con l'accordo della Parte "vittoriosa" sarebbe infatti possibile ignorare la pronuncia.

Il dato è, a nostro avviso, assolutamente incompatibile con la definizione della procedura come conciliativa, in quanto la caratteristica principale (essenziale) delle procedure diplomatiche di soluzione delle controversie consiste nella inesistenza di vincoli per

---

[251] Si tratta dell'art. 1: si veda *Annuaire* (1961), 49 (ii), p. 385 e ss. (la traduzione e il corsivo sono nostri). Per un'analisi di tali disposizioni si veda: FOX, *Conciliation,* in WALDOCK, *International Disputes: The Legal Aspects,* London, 1972, p. 93 e ss. Per un approfondimento del tema: COT, *La conciliation internationale,* Paris, 1968; VILLANI, *La conciliazione nelle controversie internazionali,* Napoli, 1989.

[252] Sul punto, si veda, per tutti: MORELLI, *Soluzione pacifica,* cit., p. 50 e ss.

[253] Dello stesso avviso anche LIGUSTRO, *Le controversie,* cit., p. 121 e ss.

[254] Nel sistema previgente era infatti prevista, per l'adozione dei rapporti, l'unanimità delle PARTI CONTRAENTI e quindi l'assenso di entrambe (di tutte) le Parti in controversia.

le Parti[255]: il fatto che sia necessario (ma non sufficiente, come vedremo) un accordo tra le Parti per rendere inefficaci i rapporti significa che i rapporti stessi sono in realtà vincolanti[256].

Se si esclude però che tale procedura sia una conciliazione, non resta che valutare la possibilità di trovarsi di fronte ad una procedura arbitrale-giudiziale. Due sono i fattori che contrastano con una tale definizione: da un lato il dovere dei Panel di favorire costantemente l'accordo tra le Parti; dall'altro il fatto che i loro rapporti (come anche quelli del Corpo d'Appello) debbano passare al vaglio di un organo politico qual è il DSB.

Nell'analisi dei problemi si deve, a nostro avviso, tenere conto di due importanti fattori: da un lato, il valore che in ambito WTO (e già in ambito GATT) è attribuito all'accordo tra le Parti come metodo di soluzione delle controversie[257] e, dall'altro, il carattere tradizionalmente complesso dei meccanismi multilaterali di soluzione delle controversie commerciali. Si dovrà inoltre tener conto degli importanti effetti che la soluzione giuridica di una controversia in ambito WTO ha -di fatto- sugli altri membri dell'Organizzazione.

Con tali premesse, appare dunque corretto valutare la natura di una data procedura nella sua tipicità. Come accennato nel primo paragrafo di questo capitolo, l'esito normale (appunto, tipico) della procedura innanzi ai Panel è senz'altro la redazione del rapporto finale. Con ciò non intendiamo dire che nella maggioranza dei casi la conclusione della procedura sarà data dal rapporto finale piuttosto che da un verbale di conciliazione, ma semplicemente che la DSU prevede come esito tipico della procedura tale rapporto, mentre

---

[255] «(...) negotiations, mediation, inquiry and conciliation, are termed diplomatic means, because the parties retain control of the dispute and may accept or reject a proposed settlement as they see fit». Così MERRILLS, *International Dispute Settlement,* Cambridge, 1991, p. 80.

[256] Quanto detto vale naturalmente anche per il Corpo d'Appello.

[257] Sull'accordo tra le Parti contendenti come principale mezzo di soluzione delle controversie si veda, per tutti: MORELLI, *La sentenza,* cit., p. 1 e ss.

considera il verbale di conciliazione semplicemente una possibile (e auspicabile) alternativa. D'altronde, come detto, in ambito WTO l'accordo tra le Parti è considerato sempre il miglior modo di risolvere una disputa. Non sembra dunque contrastare con la natura giudiziale della procedura il fatto che lo stesso organo, il quale emana il rapporto finale vincolante, abbia anche il compito di favorire l'accordo tra le Parti. Anzi, proprio la cogenza del rapporto finale può facilitare il raggiungimento di una soluzione diplomatica. D'altra parte, si deve considerare che il problema non tocca minimamente il Corpo d'Appello, al quale non sono affidati compiti di conciliazione di nessun genere.

L'altro problema cui abbiamo accennato è il ruolo svolto dal DSB. È questo in realtà l'ostacolo più grosso da superare se si vuole definire giudiziale (o arbitrale) la procedura in esame. Infatti, si è detto, un rapporto non sarebbe vincolante se non adottato dal DSB (sul punto la DSU non è affatto così esplicita, lasciando molto spazio all'interprete). Il particolare metodo di votazione, tuttavia, limita molto i poteri riservati a tale organismo[258]. Abbiamo visto infatti che solo un accordo tra le Parti in controversia renderebbe inefficace un rapporto. Tale accordo, d'altra parte, non sarebbe nemmeno sufficiente, poiché basterebbe che un solo Membro votasse per l'adozione. In questo caso, ammettendo che sia la votazione del DSB ad attribuire valore cogente ai rapporti, ci troveremmo, però, di fronte ad una situazione paradossale: nonostante l'accordo delle Parti nel non considerare obbligatorio un dato rapporto, quelle stesse Parti sarebbero ad esso vincolate. Naturalmente la conclusione non può essere questa: le Parti, visto anche l'art. 3.2, ultima frase, della DSU[259], se sussistesse tra loro un

---

[258] Tanto da far definire la procedura come «the fiction of political "adoption" of panel and Appellate Body reports»: si veda BEHBOODI, *International Trade as Reason: The First Steps of the WTO Appellate Body,* in MENGOZZI, *International Trade Law on the 50th Anniversary of the Multilateral Trade System,* Milano, 1998, in corso di pubblicazione.

[259] *Art. 3 - Disposizioni generali:* «(...) 2. (...). Le raccomandazioni e le decisioni del DSB non possono ampliare né ridurre i diritti e gli obblighi previsti dagli accordi

accordo in tal senso, potrebbero sicuramente ignorare la pronuncia o comunque accordarsi diversamente. Ciò significa però che in ultima analisi è solo l'atteggiamento delle Parti in causa a poter determinare l'efficacia dei rapporti, a nulla rilevando la decisione del DSB nel suo insieme.

La decisione del DSB di adottare il rapporto deve però avere un qualche significato. Il problema è a nostro avviso risolvibile se solo si riflette sul fatto che agli Stati (o, più in generale, ai soggetti di diritto internazionale) è *sempre* riconosciuto il diritto di valutare politicamente una sentenza internazionale[260], anche quando essa è certamente vincolante. Da tale valutazione strettamente politica potrà poi discendere la decisione di rispettarne i dettami, la decisione di accordarsi in un modo ritenuto da entrambe le parti più equo, o anche la decisione unilaterale -e quindi antigiuridica- di non rispettare la pronuncia, spostando così la controversia dall'ambito giuridico a quello politico[261].

Nel caso dei rapporti dei Panel e del Corpo d'Appello, semplicemente, tale valutazione politica è stata procedimentalizzata: reso un rapporto, gli Stati in controversia hanno -per trenta o sessanta giorni- la possibilità di valutarne politicamente (e giuridicamente) il valore, in un contesto che potrebbe ancora favorire la conclusione di un accordo. Dato il valore che il rapporto può avere anche per le altre Parti in relazione all'interpretazione di norme degli accordi, un'identica possibilità è data anche agli altri Membri dell'Organizzazione. È d'altra parte proprio dal punto di vista degli Stati terzi che la procedura di adozione assume un particolare significato di garanzia, similmente alla possibilità data a tutti i Membri di partecipare attivamente alle procedure contenziose.

---

contemplati. (...)» (la traduzione è quella inserita in *GUCE,* cit., p. 235).

[260] Si veda MORELLI, *Nozioni,* cit., p. 371.

[261] È d'altra parte accaduto abbastanza spesso: per citare uno degli esempi più noti, il rifiuto degli Stati Uniti di conformarsi alla sentenza della Corte Internazionale di Giustizia sulla illiceità del loro intervento in Nicaragua. Sulla questione si veda CONFORTI, *Le Nazioni Unite,* Padova, 1994, p. 75 e s.

Alla luce di queste considerazioni, le pronunce dei Panel e del Corpo d'Appello possono essere considerate come direttamente vincolanti le Parti in causa, mentre il loro valore in ambito multilaterale (soprattutto il loro valore di precedente) sarebbe subordinato all'adozione del DSB. In tale ottica si spiegherebbe molto meglio anche il senso della procedura d'appello: qualche autore era infatti rimasto perplesso dal fatto che tale procedura fosse prevista «contro (il) rapporto di un organo che dovrebbe essere di natura tecnico-giuridica, prima che il rapporto sia fatto proprio all'organo per la risoluzione delle controversie (DSB)»[262]. La spiegazione sta proprio nel fatto che, da un lato, la natura dell'organo non è semplicemente tecnica (come abbiamo visto), e dall'altro nella diretta e immediata efficacia dei rapporti per le Parti in controversia (e solo per esse: a loro è lasciata infatti l'*esclusiva* del ricorso in appello).

Se questo è dunque il ruolo che si può attribuire al DSB e se le pronunce dei Panel e quelle del Corpo d'Appello sono da ritenersi vincolanti, resta da stabilire se esse possano essere considerate vere e proprie sentenze internazionali. Quanto rilevato nei precedenti paragrafi a proposito dei problemi di competenza e del diritto applicabile si concilierebbe perfettamente con tale definizione, così come quanto rilevato in questo paragrafo a proposito dello stile redazionale[263].

---

[262] Si veda COMBA, *Il neo liberismo,* cit., p. 266.

[263] Riconoscere ai rapporti dei Panel e del Corpo d'Appello la natura di sentenze internazionali comporta naturalmente la possibilità di definire giudiziaria (o, meno correttamente, arbitrale) la procedura che ad essi fa capo. Tuttavia, c'è chi, pur ammettendo che ciò possa valere per il Corpo d'Appello (definito «an international *judicial* body»), sostiene che, nonostante le somiglianze, la particolare modalità di scelta dei *panelists* impedirebbe di considerare la procedura come arbitrale (BARONCINI, *The WTO Dispute,* cit., in corso di pubblicazione). La critica non pare fondata, in quanto le modalità di nomina di un collegio arbitrale o di un vero e proprio tribunale internazionale possono variare enormemente, e il fatto che in mancanza di accordo sui membri del Panel si ricorra all'intervento di un terzo (il Direttore Generale WTO) piuttosto che al tradizionale meccanismo di scelta di arbitri di parte ai quali si affianca il terzo membro neutrale, non sembra influenzare

Bisogna però notare che in tutte le pronunce è possibile distinguere le "conclusioni" dalle "raccomandazioni". Le "conclusioni" consistono semplicemente nell'accertamento delle violazioni degli accordi denunciate nel mandato. Le "raccomandazioni", come si è visto nel caso della biancheria, possono essere anche molto precise e consistere nell'invito a rimuovere talune misure e, si può ritenere, anche nell'invito a risarcire un eventuale danno ecc. Occorre subito chiarire però che quanto detto sinora in merito alla cogenza delle pronunce vale esclusivamente per le "conclusioni". Le raccomandazioni infatti non possono certamente considerarsi vincolanti se non dopo l'adozione del rapporto da parte del DSB. Ad esso infatti sono indirizzate tutte le raccomandazioni: facendole proprie, le rende vincolanti per le Parti, ampliandone così gli obblighi. L'adozione è quasi-automatica, ma non si può ignorare il fatto che le raccomandazioni dei Panel e del Corpo d'Appello sono indirizzate al DSB e non alle Parti. Il ruolo attribuito al DSB risulta ora ancora più chiaro: stabilito (in modo vincolante) dai Panel e dal Corpo d'Appello qual è il diritto, al DSB -come organo multilaterale- è affidato il compito di facilitare un accordo sostanziale tra le Parti: infatti, stabilito ad esempio che uno Stato viola una norma GATT a danno di un altro Stato, si dovranno stabilire tempi e modalità del ritorno alla legalità. Tant'è che tutte le controversie esaminate si sono concluse con un accordo che, a partire dalla pronuncia di Panel e Corpo d'Appello, ha risolto definitivamente la controversia[264].

Il ruolo di tali organismi non è infatti quello di risolvere *tutta* la controversia, ma solamente la parte relativa all'accertamento di quale sia il diritto. I rapporti, fatta eccezione per le

---

la natura della procedura, considerata anche l'importanza che dal sistema WTO è attribuita all'interpretazione degli accordi resa dai Panel: anzi, la natura assolutamente neutrale del collegio sembra essere, al contrario, un dato da considerare assolutamente compatibile con la natura giudiziale (o arbitrale, che dir si voglia) della procedura.

[264] Si veda BARONCINI, *The WTO Dispute,* cit., in corso di pubblicazione.

raccomandazioni in essi inserite, si possono così delineare come sentenze internazionali di puro accertamento. «Il loro effetto ha importanza unicamente processuale, poiché il comportamento che in base ad esse le parti debbono tenere è lo stesso comportamento cui le parti erano obbligate anteriormente la sentenza: l'attività del giudice consiste in un sillogismo, la cui premessa maggiore è data dalla norma giuridica vigente, o, più generalmente, (...) consiste nel dichiarare lo stato di diritto vigente, dirimendo, con l'obbligatorietà della dichiarazione, il contrasto di opinioni esistente al riguardo fra le parti. Sicché lo stato di diritto preesistente, sebbene acquisti, per effetto dell'accertamento, un grado maggiore di efficacia pratica ed una maggiore garanzia di attuazione, rimane, in seguito alla sentenza, invariato: unico effetto della sentenza è quello puramente processuale di obbligare le parti a considerare come definitivo e vincolante l'accertamento compiuto dal giudice. (...) (La) sentenza di puro accertamento (...) anche nel diritto internazionale costituisce il tipo di sentenza logicamente più importante»[265].

L'ammissibilità della nozione nell'ambito del diritto internazionale è da tempo accettata dalla dottrina e dalla prassi[266] e non sono mancate nemmeno definizioni "in positivo" che ne hanno sottolineato, in particolare, la funzione di prevenzione delle liti[267]. Tale categoria di sentenze è definibile, da un punto di vista funzionale, come «une forme de protection partielle qui se suffit à elle-même en tant qu'elle est susceptible d'une applicabilité effective dans la liquidation de la situation litigieuse»[268]. Definizione che ben si attaglia, come si vede, alle pronunce dei Panel e del Corpo d'Appello.

Se questa è dunque la reale natura dei rapporti, allora la

---

[265] Così MORELLI, *La sentenza,* cit., p. 236 e s.
[266] Sul tema, si veda l'interessante opera di SCANDAMIS, *Le jugement declaratoire entre Etats: la séparabilité du contentieux international,* Paris, 1975.
[267] Si veda, tra gli altri: DE VISSCHER, *Aspects récents du droit procédural de la Cour Internationale de Justice,* Paris, 1966, p. 187 e s.
[268] Così SCANDAMIS, *Le jugement,* cit., p. 214.

procedura, nel suo insieme, si può tranquillamente definire giudiziale[269]. O più precisamente: una procedura giudiziale obbligatoria di mero accertamento[270].

La principale obiezione che si può muovere a tale ricostruzione è che in attesa dell'adozione del DSB la pronuncia non avrebbe in realtà alcuna efficacia. La critica non ci pare fondata: se è vero infatti, come detto innanzi, che è solo l'atteggiamento delle Parti in causa a rilevare in relazione alla cogenza delle pronunce, si deve ritenere che il "congelamento" dei rapporti sino all'adozione in seno al DSB sia semplicemente una scelta delle Parti in causa e della parte vincitrice in particolare, la quale rinuncia a far valere i propri diritti per un tempo limitato, al fine di dare la possibilità agli altri Membri dell'Organizzazione di esaminare e valutare i rapporti. Ma questa è appunto una scelta libera. Uno Stato potrebbe rinunciare a far valere i propri diritti per decenni. Qui, sulla base della DSU, i Membri WTO si obbligano a non farli valere per sessanta giorni (trenta nel caso delle pronunce del Corpo d'Appello). Ma l'effetto è sul diritto dello Stato, non sull'efficacia delle pronunce[271]. Una diversa interpretazione non potrebbe spiegare, tra l'altro, il motivo per cui l'appello sia riservato alle Parti in controversia e il motivo

---

[269] Dello stesso avviso: BERETTA, *World Trade Organization: Italia ed Europa nel nuovo assetto globale,* in *Quad. Ist. Ec. Int. Univ. Catt.,* 1995, n. 9504, p. 19.

[270] «L'esistenza di meccanismi di soluzione obbligatoria delle controversie ha una benefica funzione preventiva, agendo come fattore di dissuasione rispetto a comportamenti suscettibili di far sorgere controversie». Così GIULIANO-SCOVAZZI-TREVES, *Diritto Internazionale - Parte generale,* Milano, 1991, p. 505.

[271] In proposito, può essere utile citare un passo del rapporto del Corpo d'Appello sugli alcolici che, nonostante il differente contesto in cui è inserito, può avvalorare una simile interpretazione: *Japan Taxes on Alcoholic Beverages, AB-1996-2, Report of the Appellate Body, § F - Interpretation of Article III:* «The *WTO Agreement* is a treaty -the international equivalent of a contract. It is self-evident that in an exercise of their sovereignity, and in pursuit of their own respective national interests, the Members of the WTO have made a bargain. In exchange for the benefits they expect to derive as Members of the WTO, they have agreed to exercise their sovereignity according to the commitments they have made in the *WTO Agreement*».

per cui tale rimedio sia ammesso contro i rapporti già prima che siano adottati.

Ricapitolando, dunque, le conseguenze dell'adozione sono da un lato di rendere vincolanti per le Parti in causa le raccomandazioni (che si potrebbero considerare, in un certo senso, la *parte dispositiva* dei rapporti-sentenze di accertamento puro) e per tutte le Parti contraenti far diventare l'interpretazione giuridica data nel caso specifico un precedente cui eventualmente fare riferimento nella gestione delle future controversie.

Come si vede, il ruolo riservato al DSB, e in generale alla politica e alla diplomazia, in questa ricostruzione non è affatto secondario[272] e tiene conto, in questo senso, anche dello spirito (e del linguaggio) con il quale gli Stati membri si sono rapportati alle procedure contenziose della WTO.

Da tale punto di vista, non si può fare a meno di rilevare che sarebbe in realtà stato meglio riconoscere esplicitamente il valore vincolante delle pronunce dando al DSB la reale possibilità di decidere (magari a maggioranza qualificata) se considerare il rapporto un precedente o meno. Questo avrebbe consentito a quest'organo di rifiutare il valore di precedente ad una soluzione accettata, per esempio, solo dalla parte risultata vittoriosa. D'altra parte, il tutto sommato limitato valore dei precedenti (che non sono vincolanti) e il potere riservato al Consiglio generale di interpretare autenticamente (proprio a maggioranza qualificata) le norme degli accordi contemplati (fatta eccezione per l'accordo istitutivo dell'Organizzazione, per gli accordi plurilaterali esclusi dall'approccio di *single undertaking* e -si noti bene- per la DSU) non mette in pericolo la sovranità degli Stati terzi, consentendo d'altra parte che un'ampia giurisprudenza si possa produrre. E questa è forse la migliore garanzia per una corretta ed imparziale interpretazione degli accordi.

La ricostruzione qui proposta ha comunque il pregio, ci pare,

---

[272] Come invece risulta da altre letture: si veda, tra gli altri, LIGUSTRO, *Le controversie,* cit., p. 593 e ss.

di ricondurre nell'alveo delle categorie tipiche del diritto internazionale ogni aspetto della procedura contenziosa. E questo è un dato che certamente ne rafforza il valore, se è vero che nella ricerca scientifica è valida quell'ipotesi che spiega meglio l'insieme dei dati e rende superflue tutte le altre.

In ogni caso, per riconoscimento pressoché unanime, il fenomeno esaminato si deve considerare, quanto meno, un "ibrido" ai confini tra soluzione conciliativa e soluzione giudiziale, con una indubbia prevalenza, però, delle caratteristiche tipiche di quest'ultima categoria, soprattutto per quanto riguarda il Corpo d'Appello[273].

4. Il "sistema integrato" WTO: questioni generali di interpretazione e coordinamento

Da quanto precede, al di là delle possibili divergenze di opinioni, un dato appare davvero indiscutibile: e cioè che il sistema WTO (non solo nell'aspetto contenzioso) si distanzi alquanto dal precedente sistema incentrato sull'Accordo GATT del 1947. Un dato di fronte al quale non è rimasto indifferente neanche il Corpo d'Appello il quale, nel suo rapporto sul caso delle noci di cocco, dà una sua lettura della differenza traendone particolari implicazioni dal punto di vista interpretativo che vale certamente la pena riportare: «*L'Accordo WTO è fondamentalmente diverso dal sistema GATT che lo ha preceduto. Il sistema previgente era costituito di diversi accordi, intese e strumenti legali, i più importanti dei quali erano il GATT 1947 e i nove accordi del Tokyo Round (...). Ognuno di questi accordi principali era un trattato con differenti Parti Contraenti, indipendenti organi di governo e separati meccanismi di soluzione delle controversie (...). (Al contrario), l'Accordo WTO è un trattato unico che è stato accettato dai Membri WTO come un unico*

---

[273] Non manca peraltro chi sostiene la prevalenza degli aspetti conciliativi: si veda LIGUSTRO, *Le controversie,* cit., p. 593 e ss.

*impegno (*single undertaking*). Nell'art. II:2 dell'Accordo WTO è affermato (infatti) che gli accordi multilaterali inseriti negli allegati 1, 2 e 3 sono "parti integranti" dell'Accordo WTO, vincolanti per tutti i Membri. L'allegato 1A contiene tredici accordi multilaterali relativi al commercio di beni, tra i quali il GATT 1994 (...). Una nota d'interpretazione generale si trova inclusa in tale allegato al fine di chiarire quale sia la relazione giuridica tra il GATT 1994 e gli altri accordi annessi all'allegato»*[274]*. «(Questa nota interpretativa) è stata aggiunta per sottolineare il fatto che gli accordi dell'allegato 1A rappresentano, in vari modi, una sostanziale elaborazione delle disposizioni del GATT 1994 e per stabilire che in caso di conflitto tra le norme del GATT 1994 e le norme degli altri accordi debbano prevalere queste ultime. Ciò non significa, però, che gli altri accordi dell'allegato 1A, come ad esempio l'Accordo SCM, abbiano rimpiazzato il GATT 1994. (...) Il rapporto tra il GATT 1994 e gli altri accordi dell'allegato è (infatti) complesso e deve essere esaminato caso per caso»*[275]*.

---

[274] *Brazil - Measures Affecting Desiccated Coconut, AB-1996-4, Report of the Appellate Body, § IV,B - WTO Agreement: An Integrated System*: «The *WTO Agreement* is fundamentally different from the GATT system which preceded it. The previous system was made up of several agreements, understandings and legal instruments, the most significant of which were the GATT 1947 and the nine Tokyo Round Agreements (...). Each of these major agreements was a treaty with different membership, an independent governing body and separate dispute settlement mechanism (...). Unlike the previous GATT system, the *WTO Agreement* is a single treaty instrument which was accepted by the WTO Members as a "single undertaking". Article II:2 of the *WTO Agreement* provides that the Multilateral Trade Agreements in Annexes 1, 2 and 3 are "integral parts" of the *WTO Agreement,* binding on all Members. Annex 1A contains thirteen multilateral agreements relating to trade in goods, including the GATT 1994 (...)» (la traduzione è nostra).
[275] *Ibidem, § IV,C - GATT 1994 within the WTO Agreement*: «The relationship between GATT 1994 and the other goods agreements in Annex 1A is complex and must be examined on a case-by-case basis. (...) The general interpretative note to Annex 1A was added to reflect that the other goods agreements in Annex 1A, in many ways, represent a substantial elaboration of the provisions of the GATT 1994, and to the extent that the provisions of the other goods agreements conflict with the provisions of the GATT 1994, the provisions of the other goods agreements prevail.

A partire da tale visione, il Corpo d'Appello ritiene quindi necessario, nell'interpretare un dato accordo (nel caso specifico l'Accordo SCM), considerare, oltre al suo contesto, anche l'oggetto e lo scopo dell'Accordo WTO[276]: «*Gli autori del nuovo sistema WTO intendevano por fine alla frammentazione che aveva caratterizzato il sistema previgente, come si può vedere dal preambolo all'Accordo WTO, che recita, nella parte pertinente: "Decisi a sviluppare un sistema commerciale integrato, più vitale e durevole, che includa l'Accordo Generale sulle tariffe doganali ed il commercio, i risultati dei passati sforzi di liberalizzazione e tutti i risultati dell'Uruguay Round". (...) In più, la DSU costituisce un sistema integrato per la soluzione delle controversie che si applica a tutti gli "accordi contemplati", consentendo che tutte le disposizioni degli Accordi WTO rilevanti per una data controversia siano esaminati in un procedimento*»[277]. Di conseguenza, «*come risultato della natura integrata dell'Accordo WTO e dello specifico linguaggio (...) dell'Accordo SCM, le disposizioni dell'Accordo SCM relative alle indagini per i dazi compensativi non sono*

This does not mean, however, that the other goods agreement in Annex 1A, such as the *SCM Agreement*, supersede the GATT 1994» (la traduzione è nostra).

[276] *Ibidem, § IV,E - Interpretation of Article 32.3 of the SCM Agreement, 1. Text:* «Examination of the ordinary meaning of this provision alone coul lead us to the conclusion that the term, "this Agreement", in article 32.3 means the *SCM Agreement*. However, it is necessary also to consider this provision in its context and in light of the object and purpose of the *WTO Agreement*».

[277] *Ibidem, § IV,E,3 - Object and Purpose of the WTO Agreement:* «The authors of the new WTO regime intended to put an end to the fragmentation that had characterized the previous system. This can be seen fron the preamble to the *WTO Agreement* which states, in pertinent part: "*Resolved,* therefore, to develop an integrated, more viable and durable multilateral trading system encompassing the General Agreement on Tariffs and Trade, the results of past trade liberalization efforts, and all of the results of the Uruguay Round of Multilateral Trade Negotiations". (...) Furthermore, the *DSU* establishes an integrated dispute settlement system which applies to all the "covered agreements", allowing all the provisions of the *WTO Agreement* relevant to a particular dispute to be examined in one proceeding» (la traduzione è nostra).

separabili dai diritti e dagli obblighi del GATT 1994 o dell'Accordo WTO preso nel suo insieme»[278].

Le considerazioni da ultimo riportate sono, com'è logico, riferite alla problematica in esame nel rapporto; tuttavia, possono senza dubbio essere considerate rilevanti per il sistema WTO nel suo insieme, la cui natura integrata fa sì che ciascun accordo debba essere interpretato congiuntamente all'Accordo WTO e, per quanto riguarda gli accordi multilaterali sul commercio di beni, congiuntamente al GATT 1994.

Tale lettura della natura integrata del sistema elimina dunque alla radice ogni problema relativo alla piena operatività del principio *iura novit Curia*[279], poiché consente senza alcun dubbio ai Panel e al Corpo d'Appello di applicare qualunque norma WTO fosse considerata rilevante.

In definitiva, è comunque importante notare che la riconosciuta e consistente differenza tra il previgente sistema GATT e l'attuale sistema WTO è un dato di cui occorre assolutamente tener conto nello studio e nell'analisi della materia. Le incertezze e i dubbi interpretativi possono infatti spesso essere fugati da una lettura diacronica delle norme. In particolare, ci sembra che del dato non si possa fare a meno di tener conto soprattutto nella valutazione della natura e del ruolo dei meccanismi contenziosi.

5. Conclusioni

Alla luce anche di queste ultime considerazioni, si può ora cercare di dare conto, finalmente, di quale possa essere il ruolo dei

---

[278] *Ibidem, § V - Applicability of Articles I and II of the GATT 1994:* «We have concluded that, as a result of the integrated nature of the *WTO Agreement* and the specific language (...) of the *SCM Agreement,* the provisions of the *SCM Agreement* relating to the countervailing duty investigations are not separable from the rights and obligations of the GATT 1994 or the *WTO Agreement* taken as a whole» (la traduzione è nostra).

[279] Si veda *supra* § 2, p. 63 e ss.

Panel e del Corpo d'Appello nell'ambito del diritto internazionale o, più specificamente, nell'ambito del diritto internazionale del commercio.

Abbiamo rilevato come sia la procedura dei Panel che la procedura d'Appello possano essere considerate giudiziali e come le loro pronunce possano essere definite come sentenze internazionali di mero accertamento. Se tale ricostruzione è corretta, allora si può affermare che le pronunce possano senz'altro essere considerate delle decisioni giudiziarie ai sensi del più volte citato art. 38.1 dello Statuto della Corte Internazionale di Giustizia, e quindi «un mezzo sussidiario per la determinazione delle norme giuridiche»[280]. Il fatto ha ovviamente un valore particolare in ambito WTO, in quanto la giurisprudenza (in senso proprio) prodotta dai Panel e, soprattutto, dal Corpo d'Appello avrà certamente un ruolo fondamentale di guida nell'interpretazione degli accordi contemplati. Tuttavia, il fatto che nell'esame delle controversie sia applicato il diritto internazionale rende le pronunce di un certo interesse anche al di fuori dei confini degli accordi WTO.

Paradigmatica, in proposito, può essere la dichiarazione fatta dal Panel e ripresa dal Corpo d'Appello nel caso della benzina riformulata in merito alla natura dell'aria pulita, che andrebbe considerata una risorsa naturale esauribile[281]. L'affermazione, condivisa niente meno che dagli Stati Uniti d'America, è di un certo rilievo, in quanto, vista l'incertezza regnante in ambito di diritto internazionale dell'ambiente, consentirebbe, poggiandosi su principî basilari dell'ordinamento internazionale (e non solo) come l'*alterum non laedere*, di affermare l'esistenza di un obbligo internazionale per gli Stati di limitare i loro livelli di inquinamento atmosferico, cioè a dire i loro livelli di consumo della risorsa esauribile "aria pulita".

---

[280] Sulla problematica, si veda CONDORELLI, *Note sulla funzione giudiziaria e sull'efficacia delle sentenze in diritto internazionale*, in *Studi in memoria di Mario Condorelli,* Milano, 1988, p. 289 e ss.

[281] Si veda il § 6.37 del rapporto del Panel e il § II,A del rapporto del Corpo d'Appello.

L'aria infatti non è immobile e si può quindi considerare una risorsa comune a tutti gli Stati, analogamente a quanto accade nel diritto del mare per le risorse ittiche in generale e per le specie altamente migratorie (come i tonni) in particolare, sulle quali ciascun Paese esercita il diritto di pesca nella propria zona economica esclusiva (o in acque internazionali) con il limite posto dall'obbligo di non sopprimere ogni possibilità di utilizzazione da parte degli altri Paesi[282]. La situazione è giuridicamente alquanto incerta e non si può certo pretendere che basti una sentenza a rendere chiara la situazione. Tuttavia, è possibile affermare che questa pronuncia possa essere utilizzata, un giorno, assieme ad altri elementi, per affermare con certezza l'esistenza di un obbligo internazionale degli Stati a non inquinare troppo l'aria.

Quello che si è dato è solo un esempio (forse il più eclatante) del contributo che le pronunce prodotte dal sistema WTO potrebbero dare allo sviluppo e all'interpretazione del diritto internazionale. E altri se ne potrebbero portare, in particolare in relazione all'individuazione delle norme consuetudinarie d'interpretazione dei trattati. Tuttavia, come detto, è indubbio che l'attività principale degli organi contenziosi WTO resterà l'interpretazione degli accordi contemplati.

Di conseguenza, è in quest'ambito che l'influenza delle pronunce si farà maggiormente sentire. Si pensi, per esempio, all'importanza che l'interpretazione dell'art. III del GATT data dal Corpo d'Appello nel caso degli alcolici potrà avere per i Membri WTO anche in un'ottica di prevenzione delle liti.

Per il resto, anche dopo il primo anno di attività, le procedure contenziose sembrano aver ben funzionato[283]. E questo, al

---

[282] Sul punto, si veda CONFORTI, *Diritto,* cit., p. 269 e ss. La norma è sancita in molti accordi regionali e subregionali, oltre che in una Convenzione delle Nazioni Unite del 1995 (non ancora entrata in vigore) sulla conservazione e la gestione degli stock di pesci altamente migratori o che si trovano al di qua e al di là delle zone economiche esclusive (*straddling fish*).

[283] Un'esposizione e un'analisi di tre pronunce del Corpo d'Appello successive a quelle esaminate ("Comunità europea - Banane"; "India - Camicie di lana"; "Canada

di là delle divergenze dottrinarie sulla loro natura giuridica, dimostra la bontà delle riforme apportate al sistema contenzioso dalla sessione negoziale dell'*Urugay Round*. L'importante, infatti, è evitare il trascinarsi di situazioni di conflitto che, alla lunga, possono compromettere il funzionamento dell'intero sistema. In proposito, c'è chi ha felicemente paragonato il sistema GATT (ora WTO) ad una bicicletta che, se si ferma, cade[284]. Ebbene, mantenendo i termini di paragone, si può dire che (anche) grazie al nuovo sistema contenzioso, "la bicicletta" stia procedendo spedita.

- Periodici") è reperibile nella recentissima opera di CAMERON-CAMPBELL, *Dispute Resolution in the World Trade Organization*, London, 1998.
[284] Si veda BERETTA, *World Trade*, cit., p. 47.

BIBLIOGRAFIA

AGO, *Lezioni di diritto internazionale*, Milano, 1945;

ANZILOTTI, *Corso di diritto internazionale*, Roma, 1928;

ARANGIO RUIZ, *Arbitrato (Diritto internazionale pubblico)*, in «Enciclopedia del Diritto» II (1958), p. 975 e ss.;

BARONCINI, *The WTO Dispute Settlement Understanding as a Promoter of Trasparent, Rule-Oriented, Mutually Agreed Solutions*, in MENGOZZI, *International Trade Law on the 50th Anniversary of the Multilateral Trade System*, Milano, 1998, in corso di pubblicazione;

BATTAGLINI, *Azione e iter processuale nei giudizi internazionali*, in *Scritti in onore di Feliciano Benvenuti*, Venezia, 1996, p. 249 e ss.;

BEHBOODI, *International Trade as Reason: The First Steps of the WTO Appellate Body*, in MENGOZZI, *International Trade Law on the 50th Anniversary of the Multilateral Trade System*, Milano, 1998, in corso di pubblicazione;

BERETTA, *World Trade Organization: Italia ed Europa nel nuovo assetto globale*, in *Quad. Ist. Ec. Int. Univ. Catt.*, 1995, n. 9504;

BISCOTTINI, *Il diritto delle organizzazioni internazionali. Parte prima: la teoria dell'organizzazione*, Padova, 1981;

CAMERON-CAMPBELL, *Dispute Resolution in the World Trade Organization*, London, 1998;

CANAL FORGUES, *Le système de règlement des differends de l'Organisation Mondiale du Commerce (OMC)*, in *RGDIP* 1994, p. 689 e ss.;

CARREAU, *Droit international*, Paris, 1994;

COCCIA, *Il sistema di risoluzione delle controversie nella WTO*, in GIARDINA-TOSATO, *Diritto del commercio internazionale*, Milano, 1996;

COMBA, *Il neo liberismo internazionale. Strutture giuridiche a dimensione mondiale dagli accordi di Bretton Woods all'Organizzazione Mondiale del Commercio*, Milano, 1995;

CONDORELLI, *Note sulla funzione giudiziaria e sull'efficacia delle sentenze in diritto internazionale*, in *Studi in memoria di Mario Condorelli*, Milano, 1988, p. 289 e ss.;

CONFORTI, *Diritto internazionale*, Napoli, 1997;

CONFORTI, *Le Nazioni Unite*, Padova, 1994;

COT, *La conciliation internationale*, Paris, 1968;

DAM, *The GATT, Law and International Economic Organization*, London - Chicago, 1970;

DE VISSCHER, *Aspects récents du droit procédural de la Cour Internationale de Justice*, Paris, 1966;

Enciclopedia Geografica Garzanti, Milano, 1995;

FLORY, *Le GATT, droit international et commerce mondial*, Paris, 1968;

FOX, *Conciliation,* in WALDOCK, *International Disputes: The Legal Aspects,* London, 1972, p. 93 e ss.;

GIULIANO-SCOVAZZI-TREVES, *Diritto Internazionale - Parte generale,* Milano, 1991;

HALLSTRÖM, *The GATT Panels and the Formation of International Trade Law,* Stockholm, 1994;

HUDEC, *The GATT Legal System and World Trade Diplomacy,* New York, 1975;

HUDEC, *The GATT Legal System: A Diplomat's Jurisprudence,* in *JWTL* 1970, p. 615 e ss.;

JACKSON, *Restructuring the GATT System,* London, 1990;

JEAN, *Geopolitica,* Bologna, 1996;

JIMÉNEZ DE ARÉCHAGA, *International Law in the Past Third of a Century,* in *RC,* 1978, I, p. 1 e ss.;

KOHONA, *Dispute Resolution under the World Trade Organization, an Overview,* in *JWT* 1994/2, p. 23 e ss.;

KOMURO, *The WTO Dispute Settlement Mechanism. Coverage and Procedures of WTO Understanding,* in *JWT* 1995/4, p. 5 e ss.;

LASAGNO, *Premesse per uno studio sull'omissione di pronuncia,* in *Riv. dir. proc.,* 1990, p. 449 e ss.;

LAUTERPACHT, *Aspects of the Administration of International Justice,* Cambridge, 1991;

LIEBMAN, *Manuale di diritto processuale civile - II,* Milano, 1984;

LIEBMAN, *Manuale di diritto processuale civile - principî,* Milano, 1992;

LIGUSTRO, *Le controversie tra Stati nel diritto del commercio internazionale: dal GATT all'OMC,* Padova, 1996;

MANDRIOLI, *Corso di diritto processuale civile,* Torino, 1995;

MERRILLS, *International Dispute Settlement,* Cambridge, 1991;

MORELLI, *La sentenza internazionale,* Padova, 1931;

MORELLI, *Nozioni di diritto internazionale,* Padova, 1967;

MORELLI, *Soluzione pacifica delle controversie internazionali,* Napoli, 1991;

MORELLI, *Studi sul processo internazionale,* Milano, 1963;

NIGRO, *Giustizia amministrativa,* Bologna, 1994;

NOGUEIRA, *The First WTO Appellate Body Review,* in *JWT* 1996/6, p. 5 e ss.;

OPPENHEIM, *International Law,* London - New York - Toronto, 1992;

PAYER, *The World Bank: A Critical Analysis,* London, 1982;

PETERSMANN, *The Dispute Settlement System of World Trade Organization and the Evolution of the GATT Dispute Settlement System since 1948,* in *CML Rev.* 1994, p. 1157 e ss.;

PETERSMANN, *The GATT Dispute Settlement System and the Uruguay Negotiations on Its Reform,* in SARCEVIC-VAN HOUTTE, *Legal Issues in International Trade,* Dordrecht - Boston, 1990;

PLANK, *An Unofficial Description of How a GATT Panel Works and Does Not,* in *J. Int'l Arb.* 1987, p. 53 e ss.;

QUADRI, *Diritto internazionale pubblico,* Napoli, 1968;

QURESHI, *The World Trade Organization - Implementing International Trade Norms,* Manchester, 1996;

SACERDOTI, *La trasformazione del GATT nell'Organizzazione Mondiale del Commercio,* in *Dir. Comm. Int.* 1995, p. 73 e ss.;

SALDA, *The International Monetary Fund,* Oxford, 1992;

SANTA MARIA, *Diritto commerciale comunitario,* Milano, 1995;

SCANDAMIS, *Le jugement declaratoire entre Etats: la séparabilité du contentieux international,* Paris, 1975;

SCHIAVONE, *Il principio di non discriminazione nei rapporti commerciali internazionali,* Milano, 1966;

SCHWARZENBERGER, *International Law as Applied by International Courts and Tribunals,* 4 vol., London, 1957-1986;

SIMMONDS-HILL, *Law and Practice under the GATT,* New York - London - Rome, 1994;

STILES, *The New Wto Regime: the Victory of Pragmatism,* in *J. Int'l L. & Prac.* 1995, p. 3 e ss.;

VARI, *Il Fondo Monetario Internazionale,* in GIARDINA-TOSATO, *Diritto del commercio internazionale,* Milano, 1996, p. 259 e ss.;

VARI, *La Banca Mondiale,* in GIARDINA-TOSATO, *Diritto del commercio internazionale,* Milano, 1996, p. 303 e ss.;

VENTURINI, *L'accordo generale sulle tariffe doganali e il commercio (GATT) - Testi e casi,* Milano, 1988;

VILLANI, *La conciliazione nelle controversie internazionali,* Napoli, 1989;

VILLIGER, *Customary International Law and Treaties,* Dordrecht, 1985;

WTO, *Reshaping the World Trading System - A History of the Uruguay Round,* Geneva, 1994;

YASSEEN, *L'interprétation des traités d'après la Convention de Vienne sur le droit des traités,* in *RC* 1976, III, p. 1 e ss.

www.ingramcontent.com/pod-product-compliance
Lightning Source LLC
Chambersburg PA
CBHW072039190526

45165CB00018B/1179